松下幸之助一日一話

愛蔵版

PHP総合研究所［編］

PHP

まえがき

一年三六五日、その一日一日の充実が一年の充実を生み、ひいては生涯の充実に結びつく。そのことは十分にわかっていても、その一日一日の充実をなかなかはかっていきにくいのが、お互い人間の常ではないでしょうか。

一日の終わりに、その日を振り返り、きょう一日、ほんとうによくやったと心から満足できる日もあれば、こうすればよかった、ああすればよかったと悔やむことばかりの一日もあります。しかし、そうした逡巡《しゅんじゅん》、反省をくり返しながらも、ともかくもお互いみずからの一日一日をよりよいものにしていこうという意欲と努力を、常に忘れないようにしたいものだと思います。

本書は、弊社創設者松下幸之助が、折々に著したり話したりした人生や仕事、経営や国家・社会に関する言葉の中から、三六六を選び、昭和五十六年に一日一話の形に編集発刊したものです。平成十一年に文庫版を刊行致しましたが、このたび新書として装いも新たに世に送ることに致しました。

それぞれの言葉は巻末に付記した出典に基づくもので、その収録にあたってはできる限り原文や原話のそのままの引用を期しましたが、紙幅の都合上、一部につきましては、その主旨を要約してまとめました。

平成元年四月、松下は亡くなり、今は新しい一語を加えることも叶いませんが、本書がみなさまのよりよき一日、よりよき一年のために、そして、いつの世もなくなることのないお互い人間としての迷い、悩みの解決のために、いささかなりともお役に立ち、充実した人生を築かれる上での一助ともなれば、まことに幸いに存じます。

平成十九年七月

PHP総合研究所

1　月

1日 心あらたまる正月

竹にフシがなければ、ズンベラボウで、とりとめがなくて、風雪に耐えるあの強さも生まれてこないであろう。竹にはやはりフシがいるのである。同様に、流れる歳月にもやはりフシがいる。ともすれば、とりとめもなく過ぎていきがちな日々である。せめて年に一回はフシをつくって、身辺を整理し、長い人生に耐える力を養いたい。

そういう意味では、お正月は意義深くて、おめでたくて、心もあらたまる。常日ごろ考えられないことも考えたい。無沙汰のお詫びもしてみたい。そして、新たな勇気と希望も生み出したい。すがすがしくて、さわやかで、お正月はいいものである。

2日 信念は偉大なことを成し遂げる

私は、弘法大師の開かれた高野山にのぼって、非常に教えられたことがあります。いまでこそ自動車道路も電車もケーブルもできていて、便利といえば便利ですが、お山を開かれた千百数十年前に、あれだけへんぴなところを開拓し、そこに道場をたてるという弘法大師のご執念というか、信念というものは、想像もできないほど強いものがあったと思うのです。

われわれはなかなか弘法大師さんの境地にふれることはできません。けれども、私はそのとき、やはり人の心、一念、信念というものは偉大なことを成し遂げるものだということを痛切に感じて、私も自分の分に応じた一念、信念を持たなければいけないなと感じたのです。

3日 不確実な時代はない

不確実性の時代と人はよく言います。事実、思わぬことが次つぎと起こって混乱することがよくありますが、私は不確実性ということは肯定しません。なぜなら、不確実な現象は全部人間自身の活動の所産であり、人間自身が不確実な考えを持ち、不確実な行動をするところに起こってくるものだと思うからです。

だから、不確実な考えや行動をやめたら、確実になってくる。そういう自覚で仕事をすることが大切だと思います。

未来は〝確実性の時代〟だという発想の転換、未来に対処する基本的姿勢の転換こそ、今日、私たちお互いの緊急重要事ではないかと思うのです。

4日 はじめに言葉あり

「はじめに言葉あり」という言葉がある。聖書の中にあるそうで、私はその深い意味はよく知らないが、これは経営にもあてはまることではないかと思う。

つまり、経営者、指導者はまずはじめに言葉を持たなくてはならない。言いかえれば、一つの発想をし、目標をみなに示すということである。あとの具体的なことは、それぞれ担当の部署なり社員なりに考えてもらえばいい。しかし、最初に発想し、それを言葉にすることは、経営者がみずからやらなくてはいけないと思う。

そしてそれは、企業経営だけでなく、日本の国全体として望まれることであろう。

5日 先見性を養う

先見性を持つことは指導者にとってきわめて大切なことだ。先見性を持てない人は指導者としての資格がないといってもいいほどである。時代というものは刻々と移り変わっていく。きのう是とされたことが、きょうは時代遅れだということも少なくない。

だから、その時代の移りゆく方向を見きわめ、変わっていく姿を予見しつつ、それに対応する手を打っていくことによって、はじめて国家の安泰もあり、企業の発展もある。

一つの事態に直面して、あわててそれに対する方策を考えるというようなことでは、物事は決してうまくいかない。心して先見性を養いたいものである。

6日 素直な心とは

素直な心とはどういう心であるのかといいますと、それは単に人にさからわず、従順であるというようなことだけではありません。むしろ本当の意味の素直さというものは、力強く、積極的な内容を持つものだと思います。

つまり、素直な心とは、私心なくくもりのない心というか、一つのことにとらわれずに、物事をあるがままに見ようとする心といえるでしょう。そういう心からは、物事の実相をつかむ力も生まれてくるのではないかと思うのです。

だから、素直な心というものは、真理をつかむ働きのある心だと思います。物事の真実を見きわめて、それに適応していく心だと思うのです。

7日 熱意は磁石

いかに才能があっても、知識があっても、熱意の乏しい人は画ける餅に等しいのです。反対に、少々知識が乏しく、才能に乏しい点があっても、一生懸命というか、強い熱意があれば、そこから次つぎとものが生まれてきます。その人自身が生まなくても、その姿を見て思わぬ援助、目に見えない加勢というものが自然に生まれてきます。それが才能の乏しさを補い、知識の乏しさを補って、その人をして仕事を進行せしめる、全うさせる、ということになるわけです。

あたかも磁石が周囲の鉄粉を引きつけるように、熱心さは周囲の人を引きつけ、周囲の情勢も大きく動かしていくと思うのです。

8日 祈る思い

みずから何もせずしてただ神仏にご利益を願うというようなことは、人間としてとるべき態度ではないと思う。また、そんな都合のよいご利益というものはあり得ないだろう。

しかし人間がほんとうに真剣に何かに取り組み、ぜひとも成功させたい、させねばならないと思うとき、そこにおのずと何ものかに祈るというような気持ちが湧き起こってくるのではないか。

それは神仏に祈念するというかたちをとる場合もあろうし、自分なりにそれに準ずるものを設定して願うという場合もあろう。そういうことは一つの真剣さの現われであり、またみずからの決意を高めるという意味からも、大いにあっていいことだと思う。

9日　雨が降れば傘をさす

経営者たるものは、すべて天地自然の理法に基づいて行動しなければならない。これは何もむずかしいことを言っているのではない。たとえば雨が降ったら傘をさすということである。

つまり集金をせねばならぬところには集金に行く、売れないときには無理に売ろうとせずに休む、また売れるようになればつくる、というように大勢に順応するということである。

集金すべきところから集金もせずに、新たに資金を借りようとする人があるようだが、金を借りるのならば、まず集金に全力を尽す。それでもなお資金がいるときにはじめて借りる、という至極簡単な当たり前のことを、どれだけ的確に行なうかが非常に大事なのである。

10日　社会にやらせてもらう

お互いの仕事なり職業というのは、それぞれに自分の意志で選び、自分の力でやっているようではあるが、本来は社会がそれを必要としているからこそ成り立つものである。つまり、自分がやっているのではなく、社会にやらせてもらっているのだということが言えると思う。床屋の仕事でも、髪をキチンとしたいという人びとの要望があって、はじめてそれが必要とされるのである。このことは、どんな仕事についても同じである。

そういうことを考えてみると、そういう仕事を世間からやらせてもらえるのは、ほんとうにありがたいことだという感謝の念も生じてくると思うのである。

11日 日本のよさを知る

私は日本ほど恵まれた国はないと思うのです。一億という人口があって、しかもほぼ一民族であり一言語である。気候、風土も非常に好ましい状態に置かれている。こういう国を擁して偉大なる発展をしないというのはどうかしています。素直に考えてやっていけば、次つぎとこの国を生かしていく道ができてくると思うのです。

そのためにはまず自分の国というものをよく知らなければいけない。われわれは日本を、日本人というものを知らなくてはならない。むろん何もかもよいというのではありません。欠点は欠点で、これは当然直さなければいけませんが、それを差し引いても、まだ余分にいいところがだいぶ残ると思うのです。

12日 人生を設計する

毎日、何気なしに仕事をしている、ということでは困ると思います。何でもいい、何か一つの目的を持つ。そういうものを日々持って、そして同時に、一カ月先、あるいは一年なら一年の間には、こういうことをやってみるのだ、という一つの自己設計とでもいうものを持つことが大切だと思います。

そして、それはうまくいく場合もありますし、うまくいかない場合もあります。しかし、これはもう仕方がありません。仕方がないけれども、そういうものを持っているということ、次つぎに生んでいくということ、それが、私は生きがいというものにつながっていくと言ってもいいと思うのです。

13日 枠にとらわれず

私たちは仕事を進めていく際に、ともすれば自分で自分の枠を決めてしまってはいないか。

たとえば、ラジオのデザインにしても、元来、デザインは固定したものではないのだから、三角でも丸でもよいはずなのに、ほとんど箱型である。このことに限らず、不思議なことに人間はみずから枠をつくり、その中に入ってしまうという悪い傾向がある。これも自己保身のための一つの行き方かもしれないが、窮屈な枠の中で窮屈なものの考え方をしていては、心の働きも鈍くなり、自由自在なよい知恵が出てくるものではない。

ものにはいろいろな見方がある。時と場合に応じて自在に変えねばならない。そこにこそ発展が生まれるのである。

14日 不景気またよし

好景気は結構だが、不景気は感心しないという。たしかに、その時点時点で見るとそうであろう。

けれども、そういう一コマ一コマであっても全体について見たら、不景気の過程もまた偉大なる生成発展の一つであるとも考えられる。

不景気のときには苦しく困難ではあるが、不景気であるがゆえにはじめて得られるものがある。不景気になったために知らなかったことを知った、ある悟りを開いたということがある。それによって次の手が打てる。だから不景気のときには、伸びているところも少なくない。そういう見方をするならば、不景気もまた結構ということになると思うのである。

15日 青春とは心の若さ

〝青春とは心の若さである。信念と希望にあふれ、勇気にみちて日に新たな活動をつづけるかぎり、青春は永遠にその人のものである〟

これは私がある詩からヒントを得て座右の銘としてつくった言葉である。当然ながら、人はみな毎年、年をとってゆく。それはいわば自然の掟である。しかし私は、精神的には、何歳になろうとも青春時代と同じように日々新たな気持ちを持ち続けることができるはずだと思う。その精神面での若さを失いたくないというのが、かねてからの私の強い願いなのである。

特に最近は、心は絶対に老いさせないということを、個人的にも、また周囲の環境からも要請されていると強く感じている。

16日 武士道と信頼感

昔、武士は庶民の上に置かれ、尊敬されていた。これは一つには、武士が武力を持っていたからとも考えられるが、それだけではない。やはり武士は道義に厚く、武士としての精神を忘れず、いわゆる武士道に徹することにより、庶民の信頼と尊敬をかち得ていたものと思う。

これは会社の中でも言える。経営者には経営者道、従業員にはいわば従業員道ともいうべきものがあると思う。それぞれ当然やるべきことがある。それをお互いに責任を持って貫いてゆくというところに、信頼関係の基礎があり、その信頼関係を高めてゆく推進力があるのではないだろうか。まずお互いの立場で、それぞれの道に徹したい。

17日 決意を持ち続ける

指導者にとって大事なことの一つは、志を持つということである。何らかの志、決意というものがあってはじめて、事は成るのである。だから志を立て決意をするということが必要なわけだが、それは一度志を立て、決心すればそれでいいというものではない。むしろ大事なのは、そうした志なり決意を持ち続けることであろう。そのためには、やはり、たえずみずからを刺激し、思いを新たにするようにしなくてはならない。

一度志を立て、決意することによって、非常に偉大なことを成し遂げられるのも人間であるが、その志、決心をなかなか貫き通せない弱さをあわせて持つのも、これまた人間である。

18日 水道の水のように……

加工された水道の水は価値がある。今日、価値あるものを盗めばとがめられるのが常識だが、通行人が門口の水道の栓をひねって存分に飲んだとしても、とがめられたという話はきかない。直接、生命を維持する貴重な価値ある水でさえ、その量があまりに豊富であるゆえに許されるということは、われわれに何を教えるか。

それは、すなわち生産者の使命は貴重なる生活物資を、水道の水の如く無尽蔵たらしめることである。いかに貴重なるものでも、量を多くして無代に等しい価格をもって提供することにある。

われわれの経営の真の使命はまさにここにあると思うのである。

19日 人情の機微を知る

人間の心というものは、なかなか理屈では割り切れない。理論的にはこうしたらいい、と考えられても、人心はむしろその反対に動くということもあろう。一面まことに厄介といえば厄介だが、しかし、やはりある種の方向というか、法則的なものがあるとも考えられる。そうしたものを、ある程度体得できるということが、人情の機微を知るということになるのだと思う。

では、人情の機微を知るにはどうしたらいいか。それはやはり、いろいろな体験を通じて、多くの人びととふれあうことである。そうした経験に立ちつつ、常に素直な目で人間というものを見、その心の動きを知るということが大切だと思う。

20日 苦情から縁がむすばれる

需要家の方からいただくおほめの手紙はもちろんありがたいけれども、苦情の手紙をいただくのもありがたいことだと思います。

苦情を言わない方はそのまま「あそこの製品はもう買わない」ということで終わってしまうかもしれません。しかし不満を言ってくださる方は、そのときは「もう買わない」というつもりでも、こちらがその不満を丁重に扱って、不満の原因をつかむとともに、誠心誠意対処すれば、その誠意が通じ、かえって縁がむすばれる場合が多いと思います。

ですから、苦情を受けたときは「縁がむすばれる好機」と考え、一つの機会として生かしていくことが大事だと思うのです。

21日 当たってくだける

あるとき会社で社員が集まってさかんに議論している。どうしたのかと尋ねると、「この製品を新しく発売するのですが、これが売れるかどうか検討しているのです」と言う。

そこで私は「それはさぐるより仕方がないのではないか。売れるか売れないかを、ある程度議論することは必要だが、ある程度以上は議論してみてもはじまらない。あとは〝当たってくだけろ〟だ。それは買ってくれる人に尋ねるより仕方がないのではないか」と言ったのである。

ある程度考えたあとは、勇気を持ってやる。そういうことが商売だけでなく政治にも、その他あらゆる日常生活の分野においても、ときに必要だと思うのである。

22日 長年のツケを払うとき

戦後三十年間、政治の仕組み、教育のあり方、またお互いのものの考え方、生活態度の中に、知らず識らず、いろいろなムダや非能率が生まれ、増大してきた。それがつもりつもって物価をジリジリと押しあげ、とうとう今日の事態を招来したのである。

お互いに考えるべきことを考えず、改善するべきことを改善してこなかった、長年のたまりたまったツケがまわってきたのである。だれが悪い、かれが悪いと責めあっているときではない。そのツケはそれぞれの分に応じて払わなくてはならない。その覚悟を真剣に持つことができるかどうか。そこがきわめて大切な点だと思うのである。

23日 物をつくる前に人をつくる

私は、ずっと以前でしたが、当時の年若き社員に、得意先から「松下電器は何をつくるところか」と尋ねられたならば、「松下電器は人をつくるところでございます。あわせて電気製品をつくっております」と、こういうことを申せと言ったことがあります。

その当時、私は事業は人にあり、人をまず養成しなければならない、人間として成長しない人を持つ事業は成功するものではない、ということを感じており、ついそういう言葉が出たわけですが、そういう空気は当時の社員に浸透し、それが技術、資力、信用の貧弱さにもかかわらず、どこよりも会社を力強く進展させる大きな原動力となったと思うのです。

24日 会社の信用

自分の会社の欠点と考えられることは、社内においてお互いに誠心誠意検討しあい、その欠点を除くことにみなが努力をすることが大事だと思います。しかし、それを決して外部の人に不用意にもらさないという配慮が必要です。極端に言うと、両親にさえもらしてはいけないのだというほどの信念がなければいけないと思います。

もしも幸いにして、そういうことをみなが諒《りよう》として働けば、そうした行動から非常に強い会社の信用が生まれてくると思います。それは会社に幸いし、会社の従業員全体に幸いし、ひいては会社の持つ使命を遂行する力となってくると思うのです。

25日 融通無碍の信念

「融通無碍《ゆうずうむげ》」という言葉がある。これは別にむずかしい理屈でも何でもない。いたって平凡なことだと思う。もし道を歩いていて、その前に大きな石が落ちていて向うへ行けない場合どうするか。石によじ登ってでもまっすぐ行くというのも一つの方法である。しかしそこに無理が生じるのであれば、石をよけてまわり道をしてゆく。それが融通無碍だと思う。

もちろんときにはまわり道のない場合もある。そういうときにはまた別の方法を考える。素直に、自分の感情にとらわれないで、この融通無碍ということをたえず心がけていくところに、世に処していく一つの道があると思うのである。

26日 短所四分、長所六分

人間というものは、誰でも長所と短所を持っている。だから、大勢の人を擁して仕事をしているのであれば、それぞれに多種多様な長所と短所が見られる。

その場合、部下の短所ばかりを見たのでは、なかなか思い切って使えないし、部下にしても面白くない。その点、長所を見ると、その長所に従って生かし方が考えられ、ある程度大胆に使える。部下も自分の長所が認めてもらえれば嬉しいし、知らず識らず一生懸命に働く。

しかし、もちろん長所ばかりを見て、短所を全く見ないということではいけない。私は短所四分、長所六分ぐらいに見るのがよいのではないかと思うのである。

27日 過当競争は罪悪

お互いに適正な競争はやりつつも、過当競争はいわば罪悪として、これを排除しなくてはなりません。特に資本力の大きな大企業、業界のリーダー的な企業ほど、そのことを自戒しなくてはいけない。小さな企業が少々過当競争的なことをしても、リーダー的な企業が毅然《きぜん》として正しい競争に徹したならば、業界はそう混乱しないでしょう。しかし、リーダー的な企業が率先して過当競争を始めたのでは、あたかも世界大戦のごとき大混乱をもたらして業界をいちじるしく疲弊させ、その信用を大きく失墜させることにもなります。企業が大きければ大きいほど、業界の健全な発展に対する責任もまた大きいと言えましょう。

28日 衣食足りて礼節を知る

「衣食足りて礼節を知る」という言葉がある。これは今から二千年以上も昔の中国で言われたものだというが、今日なお広く使われているということは、そこに人間としての一つの真理があるからのように思える。

ところが、今日のわが国については、「衣食足りて礼節を知る」どころか「衣食足りて礼節ます乱る」と言わざるをえないことが多い。これはまさに異常な姿である。われわれは今、この世の中を正常な姿に戻して社会の繁栄、人びとの幸福を生みだしていく必要がある。そのためには、まず自己中心のものの考え方、行動をみずから反省し、戒めあっていくことが肝要だと思う。

29日 先憂後楽

「先憂後楽」ということは、天下の人びとに先んじて憂い、天下の人びとに後れて楽しむという、為政者の心構えを言った昔の中国の人の言葉だそうである。しかし私は、この先憂後楽ということは、単に為政者だけでなく、お互い企業の経営者としても、ぜひとも心がけなくてはならない大切なことだと考えている。

もちろん経営者とて、ときに休養し、遊ぶこともあるが、そのようなときでも全く遊びに心を許してしまわず、心は常に先憂ということでなくてはならない。それは言いかえれば、人よりも先に考え、発意、発想することだとも言える。経営者というものはたえず何かを発想していなくてはいけないと思うのである。

30日 自分を飾らず

私は、毎日の生活を営んでゆく上において、自分をよく見せようとお上手を言ってみたり、言動にいろいろと粉飾することは大いに慎みたいと思います。これは一見、簡単なことのようですが、口で言うほどたやすいことではありません。ことに出世欲にかられる人は、自分を他人以上に見せようとする傾向が強いようです。

しかし、人はおのおのその素質が違うのですから、いくら知恵をしぼって自分を粉飾してみたところで、自分の生地はごまかすことができず、必ずはげてきます。そして、そうなれば、一ぺんに信用を落とすことになってしまうのです。私は、正直にすることが処世の一番安全な道だと思います。

31日

千の悩みも

経営者には、一度にいくつもの問題に直面して、あれこれ思い悩むという場合が少なくありません。しかし私はいままでの経験で、人間というものはそういくつもの悩みを同時に悩めるものではないということに気づきました。結局、一番大きな悩みに取り組むことによって、他の悩みは第二、第三のものになってしまうのです。

だから、百の悩み、千の悩みがあっても、結局は一つだけ悩めばよい。一つだけはどうしても払うことができないが、それと取り組んでいくところに、人生の生きがいがあるのではないか。そう考えて勇気を持って取り組めば、そこに生きる道が洋々と開けてくると思うのです。

2　月

1日

天は一物を与える

この世に百パーセントの不幸というものはない。五十パーセントの不幸はあるけれども、半面そこに五十パーセントの幸せがあるわけだ。人間はそれに気がつかなければいけない。とかく人間の感情というものは、うまくいけば有頂天になるが、悪くなったら悲観する。これは人間の一つの弱い面だが、それをなるべく少なくして、いつの場合でも淡々とやる。信念を持っていつも希望を失わないでやることだ。

「天は二物を与えず」と言うが、逆に「なるほど、天は二物を与えないが、しかし一物は与えてくれる」ということが言えると思う。その与えられた一つのものを、大事にして育て上げることである。

2日

まず好きになる

「好きこそものの上手なれ」という言葉がありますが、これは商売についてもあてはまります。商売を繁栄させたいと思えば、まず商売にみずから興味を持ち、好きになることです。好きになれば努力することが苦にならない。むしろ楽しくなる。そしてただお義理や飯のタネにするために事を運ぶというのではなく、誠心誠意それに打ち込む。そこにこそ繁栄への一つの道があると思います。

適材適所ということが言われますが、適材適所とはそうした商売の好きな人が商売に当たるということであって、そうなれば千人が千人とも望みを達することも決して難事ではないと思うのです。

3日 人間道に立つ

われわれ人間は、相寄って共同生活を送っていますｊ。その共同生活をうまく運ぶにはどうすればよいのか。みんなが生かされる道を探さねばなりません。

お釈迦さまは「縁なき衆生《しゅじょう》は度《ど》し難し」と言っておられます。しかし、なろうことならそうした諦観を超え、お互いを〝有縁〟の輪で結びあわせることができないものかと思います。そのためには、お互いのあるがままの姿を認めつつ、全体として調和、共栄していくことを考えていかなければなりません。それが人間としての道、すなわち〝人間道〟というものです。お互いに〝人間道〟に立った生成発展の大道を、衆知を集めて力強く歩みたいものです。

4日 企業は社会の公器

一般に、企業の目的は利益の追求にあると言われる。たしかに利益は健全な事業経営を行なう上で欠かすことができない。しかし、それ自体が究極の目的かというと、そうではない。根本はその事業を通じて共同生活の向上をはかることであって、その根本の使命を遂行していく上で利益が大切になってくるのである。

そういう意味で、事業経営は本質的には私の事ではなく、公事であり、企業は社会の公器なのである。だから、たとえ個人の企業であろうと、私の立場で考えるのでなく、常に共同生活にプラスになるかマイナスになるかという観点からものを考え、判断しなければならないと思う。

5日 喜ばれる仕事

仕事というものは、人びとに喜びを与え、世の向上、発展を約束するものだと考えれば、勇気凛々《りんりん》として進めることができると思います。

たとえば、麻雀の道具をつくっている会社の人が、麻雀をするのはよくないことだと思っていたら、その会社の経営はうまくいかないでしょう。昼のあいだ一生懸命働いている人にとって、晩にする一時間の麻雀は気分転換になり、喜びになるだろう、その喜びのためにわれわれは麻雀の道具をつくって売っているのだと思ってこそ、堂々とその仕事をやっていけるわけです。そしてその上に、一人ひとりが喜びを持って仕事を進めていけば、会社は自然に成功するはずだと思います。

6日 正しい国家意識を

昨今の国際情勢は、一方で〝世界は一つ〟と言いつつも、その一方で各国が過度の国家意識に立ち、自国の利害を優先してしまうため、対立や紛争が一向に絶えない。

それでは日本はどうかというと、反対に国家意識がきわめて薄いため、かえって問題が起こっているようである。個人でも正しい自己意識、人生観を生み出し、自主性を持って生きていってこそ、そこにはじめて他の人びとに対しても、おごらず、へつらわず、仲よくつき合っていけるわけである。国でも同じである。国民が正しい国家意識を持ち、他の国ぐにと交流していくことが大切であろう。〝過ぎたる〟もいけないが、〝及ばざる〟もいけない。

7日 平穏無事な日の体験

体験というものは、失敗なり成功なり何か事があったときだけに得られる、というものでしょうか。決してそうではないと思います。平穏無事の一日が終わったとき、自分がきょう一日やったことは、果たして成功だったか失敗だったかを心して考えてみると、あれはちょっと失敗だったな、もっといい方法があったのではないか、というようなことが必ずあると思います。それについて思いをめぐらせば、これはもう立派な体験と言えるのではないでしょうか。

形の上での体験だけでなく、日々お互いがくりかえしている目に見えないささいなことも、みずからの体験として刻々に積み重ねていく姿勢が大切だと思うのです。

8日 魂を加えた価格

価格というものは、サービスとか配達とかいろいろな便宜だとか、そういうものを総合した価値判断によって決めるべきで、単によそがいくらだからウチはいくらにするというようなことでは、ほんとうの商売はできないと思います。

たとえば、よそで一万円のものを、場合によっては一万五百円で売ります。するとお客さんが「なぜよそより高いのか」と聞かれます。そのときに「同じ製品ですが、私の方はお添えものがあるのです」「何を添えてくれるのか」「私どもの魂を添えるのです」と申し上げることができるかどうか。そのように、お店の魂をプラスして価格を決定することが、お互いの商売には必要だと思うのです。

9日 一歩一歩の尊さ

　仕事はいくらでもある。あれもつくりたい、これもこしらえたい、こんなものがあれば便利だ、あんなものもできるだろう、と次から次へと考える。そのためには人が欲しい、資金が欲しいと願うことには際限がないが、一歩一歩進むよりほかに到達する道があろうか。それは絶対にない。やはり、一歩一歩のつながり以外に道はない。

　坦々たる大道を一歩一歩歩んでゆけばそれでよい。策略も政略も何もいらない。一を二とし、二を三として一歩一歩進んでゆけば、ついには彼岸に達するだろう。欲しいと願う人も一人増え、また一人増えて、ついには万と数えられよう。一歩一歩の尊さをしみじみ味わわねばならぬ。

10日 同行二人

　弘法大師さんが開かれた高野山にある霊場に詣でる人びとの菅笠には、みな一様に〝同行《どうぎょう》二《に》人《にん》〟と書いてある。どこにいようと、どこに行こうと、自分は一人ぼっちではない、いつもお大師さまと二人という意味である。

　つまり、これら信仰三昧《ざんまい》の人びとの心の中には、いまもなお大師は生き生きと存在しておられるのである。

　もちろん、大師の生身の身体が、そのままここにあるというわけではない。しかし、大師はいまもなおここにおわすと感じること、また感じようとつとめるところに、大師の教えが永遠に生きてくることになる。真理は永遠に生きるというのは、こんな姿を言うのであろうか。

11日 国を愛する

わが国は戦後、相当立派な成長発展を遂げてきましたが、不思議に愛国心という言葉がお互いの口から出ません。ときたま出ても、あまり歓迎されない状態です。愛国心というものは、国を愛するあまりに他の国と戦いをすることになるという人もあります。

しかし決してそうではないと思います。国を愛すれば愛するほど、隣人と仲よくしていこう、友好を結んでいこう、ということになるだろうと思うのです。お互いが自分を愛するように国を愛し、隣人を愛す、そうすることによってそこに自分の幸せも築かれていくと思うのです。そのような姿をお互いに盛りあげていくことが、国民としての大きな使命ではないでしょうか。

12日 部下の提案を喜ぶ

従業員の人びとが喜んで仕事をする姿をつくるには、上司なり先輩が、部下なり後輩の提案を喜んで受け入れるということが大切だと思います。それがいますぐには実際に用いることができないような提案であったとしても、その行為なり熱意なりは十分に受け入れる。つまり、発案をすればするほど上司が喜ぶという雰囲気が非常に大事だと思うのです。

部下の提案に対して、「いや君だめだ」と言う。また来る。「ああ君、これもだめだ」と言うようなことでは、「提案してもムダだ、やめておこう」ということになり、決まった仕事しかしなくなってしまうでしょう。それでは、進歩も向上も生まれてこないのです。

13日 一人の力が伸びずして……

自分は一年にどれだけ伸びているか、技術の上に、あるいは社会に対するものの考え方の上に、どれだけの成長があったか、その成長の度合をはかる機械があれば、これは簡単にわかります。しかし、一人ひとりの活動能力というか、知恵才覚というか、そういう総合の力が伸びているかどうかをはかる機械はありません。

けれども、私は五パーセントなり十パーセント、あるいは十五パーセント伸びた、と自分で言えるようでないといけないと思います。やはり一人ひとりが、自分の力でどれだけのことをしているかということを反省してみることが大切です。

一人ひとりの力が伸びずに、社会全体の力が伸びるということはないと思うのです。

14日 顔も商品

私は従来あまり容貌《ようぼう》に注意せず、ぞんざいな点が多かった。ところがたまたま銀座のある有名な理髪店に行ったところ、そこのお店の人から次のように言われたことがあった。

「あなたは自分で自分の顔を粗末にしているが、これは商品を汚くしているのと同じだ。会社を代表するあなたがこんなことでは、会社の商品も売れません。散髪のためだけでも、東京に出てくるというような心がけがなければ、とても大を成さない」

まことにもっとも千万で、至言なるかなと大いに感心し、それ以来、多少容貌に意を用いるようにもなった。私はその人から貴重な当世哲学を教えられたのである。

15日 自己観照

自省の強い人は、自分というものをよく知っている。つまり、自分で自分をよく見つめているのである。私はこれを〝自己観照〟と呼んでいるけれども、自分の心を一ぺん自分の身体から取り出して、外からもう一度自分を見直してみる。これができる人には、自分というものが素直に私心なく理解できるわけである。

こういう人には、あやまちが非常に少ない。自分にどれほどの力があるか、自分はどれほどのことができるか、自分の適性は何か、自分の欠点はどういうところにあるのか、というようなことが、ごく自然に、何ものにもとらわれることなく見出されてくるからである。

16日 最高責任者の孤独

組織の最高責任者の立場に立つと、部下はもちろん、それまで同僚として一緒に働いてきた人びとの自分に対する見方が変わってきます。自分は変わらなくても、周りでは見方が変わり、ほんとうのことを言ってくれる親友というものは、地位が上になればなるほど少なくなるというのが現実ではないでしょうか。

そういう意味で、最高責任者は好むと好まざるとにかかわらず、心の上にいろいろなさびしさが出てきて、いわば孤独な立場になるということが言えます。

だからこそ、いわゆる声なき声というものに耳を傾ける謙虚さというものが、トップに立つ者にとってはきわめて大切だと思うのです。

17日 死も生成発展

私は、人生とは〝生成発展〟、つまり〝日々新た〟の姿であると考えています。人間が生まれ死んでいくという一つの事象は、人間の生成発展の姿なのです。生も発展なら死も発展です。

人間は、今まで、ただ本能的に死をおそれ、忌みきらい、これに耐えがたい恐怖心を抱いてきました。人情としては無理もないことだと思います。

しかし、われわれは生成発展の原理にめざめ、死はおそれるべきことでも、悲しむべきことでも、つらいことでもなく、むしろ生成発展の一過程にすぎないこと、万事が生長する一つの姿であることを知って、死にも厳粛な喜びを見出したいと思います。

18日 日本式民主主義を

民主主義の基本理念というものは、まことに好ましいものであり、これを取り入れ国家国民の調和ある発展繁栄をはかっていくことは、きわめて重要なことだと言えます。けれども、それは日本の伝統、国民性というものに立って行なわなくてはなりません。

基本の理念は同じでも、具体的な形態は、それぞれの国民性にしたがって、さまざまでなくてはならない。いわば、アメリカにはアメリカ式民主主義、フランスにはフランス式民主主義、日本には日本式民主主義がなくてはならないと思うのです。それを日本みずからの伝統を忘れて、アメリカやフランスのようにやろうとしても、根なし草の民主主義に終わってしまうでしょう。

19日 最善の上にも最善がある

会社としては、常に何事も最善と思ってやっているし、みなさんもそれに基づいて最大の努力を払っていると思います。しかし、立場をかえて、お客様の側からいうと、まだまだこう考えてほしい、こうあってほしいという要望が出るのも、また当然だと思います。

そういうことを考えてみると、ものには最善の上にさらに最善がある、限りなく上には上があるる。それを一段一段、そういう訴えを聞くたびに素直にそれを聞いて、検討するということが永遠に必要ではないかと思うのです。そういう意見をよく汲《く》み上げて、改める点があれば改めるというようにすることが必要だと思います。

20日 公憤を持つ

指導者たる者、いたずらに私の感情で腹を立てるということは好ましくない。しかし指導者としての公の立場において、何が正しいかを考えた上で、これは許せないということに対しては大いなる怒りを持たなくてはいけない。

だから、一国の首相は首相としての怒りを持たなくてはならないし、会社の社長は社長としての怒りを持たなくては、ほんとうに力強い経営はできないと言ってもいい。まして昨今のように、日本といわず世界といわず難局に直面し、むずかしい問題が山積している折には、指導者はすべからく私情にかられず、公のための怒りを持って事にあたることが肝要であると思う。

21日 人事を尽して天命を待つ

「人事を尽して天命を待つ」という言葉がある。これは全く至言で、私はいまも自分に時どきこの言葉を言い聞かせている。

日常いろいろめんどうな問題が起きる。だから迷いも起きるし、悲観もする、仕事に力が入らないこともある。これは人間である以上避けられない。しかしそのとき私は、自分は是と信じてやっているのだから、あとは天命を待とう、成果は人に決めてもらおう……こういう考え方でやっている。

小さな人間の知恵でいくら考えてみても、どうにもならない問題がたくさんありすぎる。だから迷うのは当たり前である。そこに私は一つの諦観が必要だと思うのである。

22日 努力を評価しあう

販売に当たる人が、一つの商品について技術、製造の人の開発の苦心を思い、逆に技術、製造にたずさわる人は、販売する人の努力に感謝し、心をこめて製品をつくりあげる。また経理の人は一円のお金にも、それが利益となって生まれてくるまでの技術、購買、製造、販売、その他すべての部門の人の汗の結晶というものを考え、それを最大限に生かしてゆく。

というように、お互いの一つ一つの懸命な努力をいわば目頭を熱くするような思いで理解し、それを生かしあってゆく。そして、そこに生まれた成果をお互いに喜びあってゆく。そういうものがあってはじめて全体の発展も生まれてくるのではないだろうか。

23日 道徳は「水」と同じ

戦後のわが国では「道徳教育」というと何か片寄ったふうに思われることが多いが、私は道徳教育は、いわば「水」と同じではないかと思う。

人間は生きるためにどうしても「水」が必要である。ところがこの水に何か不純物が混じっていて、それを飲んだ人が病気になった。だからといって水を飲むことを一切否定してしまったらどうなるか。大切なのは「水」そのものの価値、効用を否定してしまうことではない。水の中の不純物を取り除くことである。

かつての道徳教育の中に誤ったところがあったからといって、道徳教育そのものを否定してしまうことは、それこそ真実を知らぬことではないか。

24日 大阪城築造の秘訣

豊臣秀吉は、あの豪壮華麗な大阪城をわずか一年半で築造したというが、どうしてそんなことができたのか今日なお不思議に思われる。しかしその大きな要因の一つは、築造に当たって彼は「功ある者には莫大な恩賞を与えるぞ」と約束した。そのかわり「過怠ある者は牢に入れるだけでなく、容赦なく首を斬ってしまうぞ」と宣言した。首を斬られてはかなわんから、みんな必死になって働くが、その上に莫大な恩賞が約束されているから、より一層はげみがつく。そこにあの大阪城築造の秘訣があったとも言えよう。

〝信賞必罰〟は、昔も今も、人間の存在する限り必要なものであり、永遠の真理を喝破した貴重な教えではなかろうか。

25日 七十点以上の人間に

完全無欠な人間などあり得ないと思う。だから、お互い人間として、一つのことに成功することもあろうし、ときにはあやまちもあるだろう。それは人間としてやむを得ないというか、いわば当たり前の姿だと思う。

しかしあやまちと正しいことを通算して、正しいことのほうが多くなるような働きなり生活を持たなければ、やはり人間として、望ましい姿とは言えないのではなかろうか。

かりに自分を点数で表わすとどうなるだろう。三十点のマイナス面はあるが、少なくともプラスの面が七十点ある、というようなところまでには到達するよう、お互いに努力したいものである。

26日 時を待つ心

行き詰まる会社を見てみますと、たいていは仕事がヒマになったらムリをしてでも注文を取ろうとしています。その結果、かえって大きな損をして会社の破綻を招くことになってしまうのです。

反対に、「ヒマはヒマで仕方がない。これは一時的な現象なのだから、この機会に日ごろ怠りがちだったお得意さんに対するサービスをしておこう」とか、「機械の手入れすべきものはしておこう」というような態度をとっている会社は、かえって時を得て発展する。そういう場合が多いように思います。

なかなかむずかしいことですが、時を得なければ休養して時を待つ、そういう心境もまた大事だと思うのです。

27日 誠意あればこそ

先般、部品の一つに不良のある商品をお得意さんにお送りしてしまったときに、その方が厳重に注意しなければ、ということで会社に出向いてこられたことがあった。しかし、実際に会社に来てみると、社員の人びとが一心に仕事に打ち込んでいる姿を見て、憤慨もせず、かえって信用を深めて帰られた、という話を聞いた。

このことから私は、誠実かつ熱心に日々の仕事に力強く取り組むということが、いかに大きな力を持っているかということを、つくづく感じさせられた。そういう態度というものは、見る人の心に何物かを与えるばかりでなく、仕事そのものの成果をより高める原動力にもなると思うのである。

28日 感謝の心は幸福の安全弁

感謝の念ということは、これは人間にとって非常に大切なものです。見方によれば、すべての人間の幸福なり喜びを生み出す根源と言えるのが、感謝の心だと言えるでしょう。したがって、感謝の心のないところからは、決して幸福は生まれてこないだろうし、結局は、人間、不幸になると思います。

感謝の心が高まれば高まるほど、それに正比例して幸福感が高まっていく。つまり、感謝の心は幸福の安全弁とも言えるわけです。その安全弁を失ってしまったら、幸福の姿は瞬時のうちにこわれ去ってしまうと言ってもいいほど、人間にとって感謝の心は大切なものだと思うのです。

29日 健康管理も仕事のうち

会社生活をしていく上で、何と言っても大切なのは、健康、それも心身ともの健康です。いかにすぐれた才能があっても、健康を損ねてしまっては十分な仕事もできず、その才能も生かされないまま終わってしまいます。

では、健康であるために必要なことは何かと言うと、栄養とか休養とかいろいろあるでしょう。しかし特に大切なのは心の持ち方です。命をかけるというほどの熱意を持って仕事に打ち込んでいる人は、少々忙しくてもそう疲れもせず、病気もしないものです。

お互い、自分の健康管理も仕事のうちということを考え、人それぞれのやり方で心身ともの健康を大切にしたいものです。

3　月

1日 ほんとうの勇気

私は一般的に、ほんとうの勇気というものは一つの正義に立脚しないことには、また良心に顧みてこれが正しいと思わないことには、湧いてこないと思うのです。だから、勇気が足りないということは、何が正しいかということの認識が非常に曖昧《あいまい》であるところから出てきている姿ではないかという感じがします。

人びとがそれぞれに自問自答して何が正しいかということを考える。そして、この正しさは絶対譲れない、この正しさは通さなければいけないという確固とした信念を持つならば、そこから出てくる勇気は、たとえ気の弱い人であっても非常に力強いものとなる。そういうような感じを私は持っているのです。

2日 魂のこもった朝礼

朝、仕事をはじめる前に朝礼をする会社や商店が多いようであるが、この朝礼をただ惰性で行なってはいないだろうか。

会社や商店が順調にのび、世間の評判もよくなる。銀行も金を貸してくれるし、事業もたやすくできる。そうなってくると、最初全員が真剣であった朝礼も何となく気がゆるみ、形だけに終わってしまいがちである。社長も従業員も一番注意せねばならないのはこうした時期ではないかと私は思っている。

だから、朝礼をするならば、魂のこもった朝礼というものを常に心がけねばならない。そうでなければ朝礼を行なう価値がない。形だけなら何にもならないと思うのである。

3日 ダム経営

ダムというのは、あらためて言うまでもなく、河川の水をせきとめ、たくわえることによって、季節や天候に左右されることなく、常に必要な一定量の水を使えるようにするものである。

そのダムのようなものを、経営のあらゆる面に持つことによって、外部の諸情勢の変化があっても大きな影響を受けることなく、常に安定的な発展を遂げていけるようにするのが、〝ダム経営〟の考え方である。設備のダム、資金のダム、人員のダム、在庫のダム、技術のダム、企画や製品開発のダムなど、いろいろな面にダム、言いかえれば、余裕、ゆとりを持った経営をしていくことが肝要であろう。

4日 自分で人事をする

先日、社内で広告担当員を募集したところ、誰も志願しないというのです。これは意外でした。聞くところによると、そういうことを会社に対して言いにくいのではないかということでした。

もしそうだとすると、会社がその人の適性を見つけなければならないということになってきます。が、社員が多くなると、人事部がいかに懸命にやっても、一人ひとりの性格を知って適切な人事をすることは、なかなかできないだろうと思うのです。

だからほんとうは、本人に人事をしてもらうのが一番いいのです。〝私にはこういう適性があるのだ〟ということを表現してもらうことが、一面非常に大事だと思います。

5日 庄屋と狩人ときつね

昔のたとえ話に庄屋と狩人ときつねの話がある。狩人は庄屋の前ではかしこまっている。しかし庄屋はきつねにばかされる。きつねには弱い。そしてきつねは鉄砲で撃たれるかもしれないから狩人がこわい。結局この中で誰が偉いとも何ともわからない、という話である。

私は今日でもこの話は生きていると思う。勝負に勝つ人が偉いのでも、負ける人が偉くないのでもない。教育する人が偉いのでもないし、教育を要する人ができが悪いのでもない。それぞれやっぱり一つに生きる姿である。そう考えれば、喜んで人に協力することができるし、また協力を受けて仕事ができるのではないかと思うのである。

6日 不安に挑む

いつの世でも、われわれにとって完全に安穏であるという状態はないといってよい。お互い人間である以上、程度の差こそあれ不安動揺なしにはいられないと思う。それが人間本来の姿である。しかしだからといって、ただ不安動揺し、それにおびえてなすところなくウロウロしているというのでは、そこから何も生まれてこない。

そうではなく、不安は感じるが、しかしその不安に敢然と闘いを挑み、これを打破していく。むずかしい仕事、困難な要求に直面して、一面に不安を感じるが、反面かえって心が躍る。そしていろいろな考えを生みだしこれを克服していく。そういうふうでありたいと思う。

7日 大西郷の遺訓

西郷隆盛が次のような遺訓を残している。

「国に功労がある人には禄を与えよ。功労があるからといって地位を与えてはならない。地位を与えるには、おのずと地位を与えるにふさわしい見識がなければならない。功労があるからといって、見識のないものに地位を与えるということは国家崩壊のもととなる」

これは国のことであるが、事業経営についても同じことが言える。あの人は会社に大きな功労がある、だから重役にしようとなりがちであるが、この点は充分に注意しなければいけない。あくまでも、功労ある人には賞をもって報い、その見識ある人に地位を与えることが大事だと思う。

8日 利は元にあり

昔から「利は元《もと》にあり」という言葉があります。これは利益は上手な仕入れから生まれてくるということだと思います。まずよい品を仕入れる。しかもできるだけ有利に適正な値で買う。そこから利益が生まれてくる。それを「利は元にあり」と言ったのでしょうが、実際、仕入れはきわめて大事です。

ところが、この「利は元にあり」ということを、ともすれば単に安く買い叩けばよいというように解釈する人があるようです。しかし、決してそうではなく、仕入先を、品物を買ってくださるお得意先と同じように大切にしていくことが肝要だと思います。そういう気持ちがないと、結局は商売は繁昌しないと言えましょう。

9日 三日の手伝い

「三日の手伝い」という言葉があります。たとえ三日間の手伝い仕事であっても、その仕事に一生の仕事のような心構えで真剣に立ち向うならば、そこから必ず大きなものを得ることができる、ということです。そうしてこそあらゆる場合に直面しても動じない精神が身につくということでしょう。

そう言うと、「本業についたらもちろん一生懸命に努力する」と言う人がいるかもしれません。しかし、私のこれまでの体験から言うと、現在与えられた、いまの仕事に打ち込めないような心構えでは、どこの職場に変わっても、決していい仕事はできない。これははっきり申しあげることができると思うのです。

10日 日本の伝統精神

私は日本の伝統精神はきわめてすぐれたものだと思います。ではその伝統精神とは何か。

その一つは「和を以て貴し」とする平和愛好の精神です。およそ千四百年も前に、この「和」の精神が聖徳太子によって掲げられています。

第二は「衆知を以て事を決す」という、つまり民主主義です。古事記にも八百万《やおよろず》の神々が相談して事を決したとあります。日本は真の民主主義の本家本元だと言えるでしょう。

第三は「主座を保つ」。古来日本人は常に主座を失わずに外来のものを消化吸収し、日本化してきました。この和、衆知、主座という三つの柱を守っていくことは、今後においても大切なのではないのでしょうか。

11日 塩の辛さはなめてみて……

たとえば水泳の先生が、三年間講義をしたとしますす。それでその講義を受けた人がすぐ泳げるかといいますと、必ずしも泳げないと思うのです。

また、塩の辛さというものでも、塩をなめさせることをしないで、「塩は辛いぞ」と言ってもわからないでしょう。塩の辛さはなめてみてはじめて、「ああこれが塩の辛さやな」とわかるわけです。

処世のコツとでも申しますか、お互いの人生において大切な事柄を会得するということも、事を行なって、そのやったことを仔細《しさい》に考え、検討してゆくところから、はじめて可能になるのではないかと私は思います。

12日 得心がいく仕事を

私たちが仕事なり商売を進めていく上で、いいかげんな妥協をしない、言いかえれば自分に得心がいくまでは仕事を進めないということが、非常に大事ではないかと思います。たとえば、ある品物に大量の注文があったとします。そういう場合、ともすれば、あとで注文が取れなくては困るからというので、つい安易に妥協しがちになります。けれども、そのようなときに往々にして失敗があるわけです。

ですから、いかなる人の注文であっても、自分が得心しない仕事は進めないという基本の考えをしっかり持たないと、仕事が大きくなり、扱う品物が多くなるにつれて収拾がつかなくなってしまいかねないと思うのです。

13日　よしみを通じて

最近は商売の上でも競争が大変激しくなり、同業者どうしでも、ともすればお互いを競争相手とばかり考えているようです。もちろん競争意識は必要でしょうが、考えてみれば、誰も争うために商売をしているわけではありません。

ですから、近所に新しく同業者のお店ができたからといって、目に角《かど》を立てるのでなく、おおらかに迎える。新しいお店の方も、先輩に対し謙虚な気持ちでいわば〝仁義〟をきる。そういう好もしい姿は、お客さまのお店全体に対する信用を高めることになるでしょう。だから、一方で適正な競争をしつつも、同じ道にたずさわるお店どうし、お互いによしみを通じていくことが大切だと思うのです。

14日　人間疎外は人間が生む

現代文明における科学技術の発達によって人間が軽視され、忘れられているということが問題になっています。そういった人間疎外をなくすためには、常に人間の幸せということが前提にされなくてはなりません。「なぜこういう新しい機械をつくるのか」「それは人間の幸せのためである」ということがいつも考えられ、それに基づく配慮がなされるならば、どんな機械が生み出され使われても人間疎外は起こらないと思います。

現実に人間疎外のような観を呈しているのは、機械が人間を疎外しているのではなく、人間自身が人間自身を大事にせず、人間疎外を生んでいるのではないでしょうか。

15日 会社の力を見きわめる

私は常に自分の会社の自己検討ということをしています。要するに新しい一つの仕事を始めるにしても、それは考えのうちに入れておくだけで、すぐには手をつけません。きょう手をつけるのは、きょうの自分の食欲に合ったものだけです。それ以上はいくらおいしくても食べません。

それが自分の腹であればうまく調節できますが、事業欲は食べすぎても調節するものがありませんから、ただ自分の良識によって調節するしか方法がありません。だから常に自己反省をして、あわせて会社の総合力を検討し、それにふさわしい仕事をしていこうと心がけています。そこを見きわめることが、経営者として、非常に大事なことだと思います。

16日 六十パーセントの可能性があれば

ある仕事をある人にしてもらう場合、その人が適任かどうかということがきわめて重要ですが、実際には、それはなかなかわかりません。

それではどうするかということですが、この人だったらまあ六十パーセントぐらいはいけそうだなと思ったら、もう適任者として決めてしまうのです。八十点までの人を求めるということも不可能ではないでしょうが、しかしそれには非常に時間と手数がかかります。

だから、これならまあ六十点ぐらいはあるなと思ったら、もう「君、大いにそれをやってくれ」というようにするわけです。するとたいていうまくいくのです。全部が全部ではありませんが、中には百点満点ということもあります。

17日 修養に場所を選ぶな

人は若い間の心がけのいかんにより、後にずいぶん差の生ずるものである。もし若い時代に自己実力の養成に励まず、修養に努めなかったならば、必ず後年、後悔するときがくると思う。

しかるに若い人の間で、「この仕事は自分の性分に合わない」「あの主任の下ではどうも働きがいがない」と、不足をもらす人がある。これは自己中心のものの考え方の弊害であろう。

真に自己の適所を見出すまでには、いろいろな経験を積まなければならない。また性格、意見の異なった指導者の下で自己を磨くことによってこそ、かえってよりよく修養が得られるものであることを、深く知らなければならないと思う。

18日 年功序列と抜擢

それぞれ長短のある年功序列、抜擢《ばってき》をどのように行なっていくかということは、それぞれの企業の実態、情況により一概には言えないが、私自身について言えば、だいたい年功序列七十パーセント、抜擢三十パーセントという感じでやってきた。これが反対に年功序列三十パーセント、抜擢七十パーセントになると非常に面白いのだが、それはやはりまだ先のことで、今日の日本においては、年功序列を主体としつつ、そこに適度に抜擢を加味していくのが無理のない姿だと思う。

しかし考えてみれば、抜擢の何十パーセントかは賭けである。だが、ときにはあえてその冒険をおかす勇気を持つことが、企業発展の上で求められている時代であると思う。

19日 日本の資源は人

日本の資源は人そのものです。いま日本から人を五千万人も取ったら、日本はまいってしまいます。人が多いのは資源の多い姿です。しかも、普通の資源であったらじっとしていますが、人間は働きます。一方で費やすという点もありますけれど、やはりそれ以上のものをつくり出すものを持っています。われわれは、この人間が資源であるということをはっきりと認識することが大事だと思います。また、人間という無限の資源を持っているのだということをもっと教えなければいけないと思います。

もちろん人が多いというだけではダメで、その質をよくすることが必要なのは言うまでもありません。

20日 まず自分から

反省を求める者には反省を求める。また自分たちにおいて反省すべき点があれば、大いに反省して協力体制をとってゆく。そういうことを誰かが言い出し、誰かがやらねばならないのに、誰もが非常な安易感に浸ってしまって、成りゆきまかせ、他人まかせになってしまっている。それが日本の現状でしょう。これでは物事は好転していきません。きょう一日が過ぎれば、あすはあすの風が吹くだろうというような事なかれ主義は、いつか行き詰まります。

お互いに全体として考え直そうという行き方を、〝誰か〟ではなく、まず自分が生み出さなくてはならないことを深く自覚すべきだと思うのです。

3月

21日 春を楽しむ心

草木は芽を出し、蕾《つぼみ》はほころびて伸び伸びと成長する春の季節。春はまさに万物成長のときと言えるでしょう。

私たちもこんな春を迎えて、大いにこれを楽しみ、大いに成長していかなければならないと思います。春を楽しむ心は、人生を楽しむ心に通じます。長い人生には、ときには不愉快なこともあり、面白くないときもありますが、春を楽しむように人生を楽しむ心があるならば、やがてまた春のそよ風のように、心もやわらいで、生きがいも感じられてきます。そして野山の樹々が一年一年と年輪を加えていく如く、お互いの心も、去年よりも今年、今年よりも来年と、一年一年成長していくと思うのです。

22日 迷いと判断

私は極小の商売から今日までの間、たとえば〝新しい仕事をすべきか否か〟を決める場合、全部自分一人で決断してきたかというと、決してそうではありません。自分はやりたいと思うけれども、それだけの力があるかどうか自分で判断がつかないというときも実際ありました。

そういうときにはどうしたかというと、第三者にすっかり打ち明けて「いまこういうことで迷っているんだ、君ならどう思うか」と尋ねました。すると、「それは松下君、あかんで」「君の力やったらやれる」といろいろ言ってくれる。迷ったときには、私は得心のいくまで他人の意見を聞いてみるということをやりながらだんだん大きくなってきたのです。

23日 即断即行

昔から「兵は神速《しんそく》を貴ぶ」という言葉がある。一瞬の勝機を的確につかむかどうかに勝敗の帰趨《きすう》がかかっている場合がある。そういうときにいたずらに躊躇《ちゆうちょ》逡巡《しゆんじゆん》していたのでは機会は永遠に去ってしまう。だから大将たる者は、即断即行ということがきわめて大事である。

これは何も戦にかぎらず、一国の運営、会社でも同じである。情勢は刻々とうつり変わっていく。だから一日の遅れが一年の遅れを生むというような場合も少なくない。もちろんきわめて慎重に時間をかけて事を運ぶことが必要な場合もある。しかし、大事にあたって即断即行できる見識と機敏な実行力は、指導者に不可欠の要件だと言えよう。

3月

24日 協調性を持つ

みなさんが、それぞれの会社の社員である以上は、多数の同僚と相接して仕事をしなければならないということになりますから、人の立場を重んじない、いわゆる協調性の少ない人は困ると思うのです。

自分はこう思うが、あの人はああ思うのだな、それも一つの考え方だろうな、というように人の言に耳を傾けるというところに、協調性が成り立つのです。もちろん、自己というものを卑屈にして協調せよというのではありません。けれども自己にとらわれた主張は協調性を欠きます。この点は、どのような立場にいようと考えなければならない、非常に大事な問題ではないかと思います。

25日 権限の委譲

一人の人間の力というものはどうしても限りがある。その限りある力以上のことをしたり、させたりすれば往々にして失敗する。力にあった適正な範囲で事を行なうのが一番よいのであって、そのことが力に余るようであれば、それを分割して何人かの力によって行なわせることが望ましい。

指導者としては、仕事を適切な大きさに分け、その分野については責任と権限を委譲して、各人の力に応じた仕事を徹底してもらうことを考えなくてはならないと思う。それぞれの責任範囲をはっきりさせることによって、仕事にムダがなくなり、能率もあがるようになるのである。

26日 見えざる契約

今日、何千万人という需要者の方がたは、生活を豊かにしていくために物が欲しいというとき、それが現実に手に入らなければ、非常に不自由な思いをせざるを得ないでしょう。私たちはあらかじめそういうことを予期して、万般の用意をしておかねばなりません。それはいわば、私たちと大衆との見えざる契約だと思うのです。

別に契約書があるわけではありませんが、私たちはこの見えざる契約、声なき契約をよく自覚する必要があります。そして、その契約を遂行していくために、常日ごろから万全の用意をしておくことが、私たち産業人に課せられた、きわめて大きな義務であり責任だと思うのです。

27日 百年の計を立てる

終戦後、日本が大きな経済発展を遂げてきたことは確かに事実ですが、それが果たして真の経済発展であるかどうかというと、いろいろ疑問があります。少なくとも、二十年なり三十年前に、二十年後、三十年後の日本をこういう状態に持っていくんだという計画を立てて取り組んだのではなく、いわば無我夢中で働き、ハッと気がついたら経済大国になっていた、というのが実情だという感じがします。

しかしここへきて、今後ともこういう状態ではいけない。本当に永遠に通じるような正しい哲理哲学のもとに、大きな理念を打ち立て、そして百年、二百年の計を立てる時期にきていると思います。

28日 身を捨てる度胸

人生というものには、いろいろな問題があります。しかし、それらのことも過ぎ去ってみると、あのときに迷わないでやってほんとうによかったな、というような場合が多いのです。そこが大事なところだと思います。

ある場合には迷うこともあるでしょう。しかし、しょせん迷ってもお互い自分の知恵裁量というものは、ほんとうは小さいものです。だから、「これはもう仕方がない。ここまできたのだから、これ以上進んで結果がうまくいかなくても、それは運命だ」と度胸を決めてしまう。そうした場合には、案外、困難だと思っていたことがスムーズにいって、むしろ非常によい結果を生む、ということにもなるのではないかと思うのです。

29日 給料は社会奉仕の報酬

給料というものは、自分の生活を営む上で当然必要であるから、働くことの一つの目的ではあろうが、もっと大事な目的を忘れてはならないと思う。

それは自分の仕事を通じて、あるいはそのつとめた会社、商店を通じて、社会に尽していくということである。いわば職業人として、産業人としての使命をよりよく遂行していくことである。大きな意味で言えば、人間としての使命を果たしていくことにも通じると思う。

だから見方を変えれば、給料というものは、そのように仕事を通じて社会に奉仕貢献していくことの報酬として与えられるものとも考えられよう。

30日 引き下がる決断

やるべきときにやる、引くべきときに引く、いわゆるこの出処進退ということが、人間として、とくに経営者として一番大事なことではないでしょうか。

たとえば、ある一つの仕事がもうひとつうまくいかず、やめた方がいいとなった場合、そこにはやはり何らかの犠牲が伴います。世間からもいろいろな批判を受けるでしょう。また信用も失墜するかもわかりません。

しかしそれを惜しんでいてはいけない。惜しんでいるとなかなかやめられない。やはりそういうものにとらわれず、やめるべきものはやめるんだという引き下がる決断をすることが経営者として大切だと思うのです。

31日

道は無限にある

お互い人間というものは、常にみずから新しいものをよび起こしつつ、なすべきことをなしてゆくという態度を忘れてはならないと思います。お互いが、日々の生活、仕事の上において、そういう心構えを持ち続けている限り、一年前と今日の姿にはおのずとそこに変化が生まれてくるでしょうし、また一年先、五年先にはさらに新たな生活の姿、仕事の進め方が生まれ、個人にしろ事業にしろ、そこに大きな進歩向上がみられるでしょう。

大切なことは、そういうことを強く感じて、熱意を持って事に当たるという姿勢だと思います。そうすればまさに〝道は無限にある〟という感じがします。

4　月

1日 縁あって

袖振り合うも多生の縁――という古いことわざがあるが、人と人とのつながりほど不思議なものはない。その人が、その会社に入らなかったならば、その人とはこの世で永遠に知り合うこともなかっただろう。

考えてみれば人びとは大きな運命の中で、縁の糸であやつられているとも思える。こうしたことを思うと、人と人とのつながりというものは、個人の意志や考えで簡単に切れるものではなく、もっともっと次元の高いものに左右されているようである。

であるとすれば、お互いにこの世の中における人間関係をもう少し大事にしたいし、もう少しありがたいものと考えたい。

2日 人間はダイヤモンドの原石

私は、お互い人間はダイヤモンドの原石のごときものだと考えている。ダイヤモンドの原石は磨くことによって光を放つ。しかもそれは、磨き方いかん、カットの仕方いかんで、さまざまに異なる、燦然《さんぜん》とした輝きを放つのである。

同様に人間は誰もが、磨けばそれぞれに光る、さまざまなすばらしい素質を持っている。だから、人を育て、活かすにあたっても、まずそういう人間の本質というものをよく認識し、それぞれの人が持っているすぐれた素質が活きるような配慮をしていく、それがやはり基本ではないか。

もしそういう認識がなければ、いくらよい人材があっても、その人を活かすことはむずかしいと思う。

3日 まず人の養成を

最近では、サービスの大切さということがさかんに言われ、どういう商売でも、それなりの制度なり、体制というものを逐次充実させつつあると思います。そのことは大いに結構であり、必要なことでしょうが、その任にあたるサービス員の養成が十分でないと、せっかくの体制も、いわゆる画竜点睛《がりょうてんせい》を欠くということになって、魂の入らないものになってしまうおそれがあります。

ほんとうにお客様に喜んでいただけるサービスをしていくには、やはり会社を代表して適切にものを言い、適切に処置ができるという人の養成、訓練を第一に大切なことと考え、その労を惜しまないことだと思います。

4日 会社に入ったからには……

会社を選ぶということは、みなさんの将来の方向を決定する一番重大な問題だったろうと思います。単に一ぺん入ってみようかということではなく、この会社に生涯職を奉じようという固い決意を持って臨まれたと思うのです。

だから、今後長い生涯におもしろくないことや、いろいろな煩悶《はんもん》が起ることもあるでしょう。しかしだからといって会社を辞めるというような頼りないことを考えるのではなく、やはりどこまでもこの会社の社員として道を開いていこうという覚悟を持っていただきたいと思います。うまくいかない場合には他に転向するというようなことでは、そこに力強いものは生まれてこないと思います。

5日 学ぶ心

人は教わらず、また学ばずして何一つとして考えられるものではない。幼児のときは親から、学校では先生から、就職すれば先輩からというように、教わり、学んでのちはじめて自分の考えが出るものである。

学ぶという心がけさえあれば、宇宙の万物はみな先生となる。物言わぬ木石から秋の夜空に輝く星くずなどの自然現象、また先輩の厳しい叱責、後輩の純粋なアドバイス、一つとして師ならざるものはない。

どんなことからも、どんな人からも、謙虚に、素直に学びたい。学ぶ心が旺盛な人ほど、新しい考えをつくり出し、独創性を発揮する人であるといっても過言ではない。

6日 会社のよさを話す

外に出て自分の会社のことを悪く言う社員がいる。それはやはり社員の教育が十分にできていないからであろう。

つまり、中には個人的不満があって会社の欠点を言う人もあろうが、より多くは、会社のよさというものが社員によく理解されていないからそういうことになるのだと思う。

この会社はこういう創業の理念を持ち、こういった歴史、伝統があるのだ、こういうことを使命としているのだ、そしてこのように世間に貢献し、これだけの成果を上げているのだ、ということを常日ごろから社員に教えるというか訴える。そういうことがきわめて大事だと思うのである。

7日 同僚の昇進に拍手

　われわれ人間としてありがちなことですが、いかにも肚《はら》が小さいのではないかと思うことがあります。たとえば、同じ職場の同期の誰かが昇進すると、それを嫉妬《しっと》する、そしてひがむということが少なくありません。また反対に失敗した人があると、かげで喜ぶという心の貧困な風景もあるようです。そういう人は、それこそ昇進させるに不足な人間なのです。人間ができていないことを公表しているようなものだと思います。

　人の昇進や成功に拍手を送る素直な心を持ち、日々の仕事に命がけで打ち込むなら、そういう人に適当な処遇をしない職場は、まずないであろうというのが、私の考えです。

8日 魂を入れた教育

　〝事業は人なり〟と言われるように、人材の育成ということは非常に大切だと思います。最近ではどこの会社や商店でも、従業員教育の制度や組織を設けたりして、教育に力を入れているようですが、やはり何よりも大切なのは、その教育にいわば魂を入れることだと思うのです。

　つまり、経営者なり店主の人格の反映というものが、そこになくてはならないということです。それは言いかえれば、経営者なり店主が働きにおいて模範的であること、熱心であるということです。経営者、店主にそういうものがあれば自然と従業員にも反映して、従業員の模範的な働きが生まれ、人が育ってくると思うのです。

9日 国民の良識を高める

民主主義の国家として一番大事なのは、やはりその民主主義を支えてゆくにふさわしい良識が国民に養われているということでしょう。さもなければその社会は、いわゆる勝手主義に陥って、収拾のつかない混乱も起こりかねないと思います。

ですから、国民お互いがそれぞれに社会のあり方、人間のあり方について高度な良識を養っていかなければなりません。国民の良識の高まりという裏付けがあってはじめて、民主主義は花を咲かせるのです。民主主義の国にもし良識という水をやらなかったならば、立派な花は咲かず、かえって変な花、醜い姿のものになってしまうでしょう。

10日 新入社員を迎えて

新入社員を迎えると、会社にも個々の職場にも新鮮な雰囲気が生まれてくる。先輩の人びとも、自分の初心を改めて思い起こし、そこにみずから心機一転の思いを持つ。この時期は一つの飛躍のための得がたい機会であるとも言える。

しかし、そうしたプラス面とともに、新入社員が加わることによるマイナス面も見忘れてはならない。いかに優秀な素質を持った人でも、仕事についてはまったく経験がないのだから、先輩が一から教えなければならない。ということは、先輩たちの能率も落ち、会社全体の平均的な実力は一時的には低下してしまう。このことをはっきり認識した上で、さらに気を引き締めてやることが大切だと思う。

11日 夢中の動き

「この観音さまはノミがつくってくれた。自分は何も覚えていない」というのは、版画家、棟方志功さんの言葉である。私はたまたまこの棟方さんが観音さまを彫っておられる姿をテレビで拝見し、その仕事に魂というかすべてをつぎ込んでおられる姿に深く心を打たれた。一つ一つの体の動きが意識したものでなく、まさに〝夢中の動き〟とでもいうか、そんな印象を受けたのである。その姿から、人間が体を動かしてする作業というものの大切さをつくづく感じさせられた。

機械化に懸命な今日だからこそ、魂の入った作業というものの大切さを、お互いに再認識する必要があるのではないだろうか。

12日 使命感を持つ

人間は、ときに迷ったり、おそれたり、心配したりという弱い心を一面に持っている。だから、事をなすに当たって、ただ何となくやるというのでは、そういう弱い心が働いて、力強い行動が生まれてきにくい。けれども、そこに一つの使命を見出し、使命感を持って事に当たっていけば、そうした弱い心の持ち主といえども、非常に力強いものが生じてくる。

だから指導者は、つねに事に当たって、何のためにこれをするのかという使命感を持たねばならない。そしてそれをみずから持つとともに、人びとに訴えていくことが大事である。そこに〝千万人といえども吾往《われゆ》かん〟の力強い姿が生まれるのである。

13日 運命を生かすために

サラリーマンの人びとが、それぞれの会社に入られた動機には、いろいろあると思う。中には何となく入社したという人もあるかもしれない。しかしいったん就職し、その会社の一員となったならば、これは〝ただ何となく〟ではすまされない。入社したことが、いわば運命であり縁であるとしても、今度はその上に立ってみずから志を立て、自主的にその運命を生かしていかなくてはならないと思う。

そのためにはやはり、たとえ会社から与えられた仕事であっても、進んで創意工夫をこらし、みずからそこに興味を見出してゆき、ついには夢見るほどに仕事に惚れるという心境になることが大切だと思う。

14日 知識は道具、知恵は人

知識と知恵。いかにも同じもののように考えられるかもしれない。けれどもよく考えてみると、この二つは別のものではないかという気がする。

つまり、知識というのはある物事について知っているということであるが、知恵というのは何が正しいかを知るというか、いわゆる是非を判断するものではないかと思う。言いかえれば、知識を道具にたとえるならば、知恵はそれを使う人そのものだと言えよう。

お互い、知識を高めると同時に、それを活用する知恵をより一層磨き、高めてゆきたい。そうしてはじめて、真に快適な共同生活を営む道も開けてくるのではないかと思うのである。

15日 ガラス張り経営

私はいわば〝ガラス張り経営〟とでもいうか、経営なり仕事のありのままの姿を従業員に知ってもらうという方針でやってきた。それによって全員が経営しているのだという意識がごく自然に生まれ、自分の自主的な責任において仕事をしていくという好ましい気風がでてきたように思う。また、人もおのずと育つということにもなった。

そういうことを考えてみると、やはり従業員に対してはその時どきの方針はもちろん、経営の実態についても、できるだけ秘密を少なくして、いいことにせよ、悪いことにせよ、いろいろ知らせるようにしてゆくことが望ましいし、大切なことだと思う。

4月

16日 文明の利器は人類の共有財産

私は、人類の生み出したさまざまな利器は、それが誰によって発明され、どこの国で開発されたものであっても、原則としては人類全体で分け持つべきであり、正しく生かし合うべきだと考えている。つまりそれらは人類の共有財産なのであって、その価値を国境を越え、人種を越え、あるいは時代を越えて分かち合おうと願うのは、これは人間として当然持つべき心情であり、社会的態度だと思う。

衆知を生かし合い、協力して共同生活を高めていくところに、人間本来のすぐれた特性がある。そのことをお互いに自覚実践することなくして、自他ともの繁栄、平和、幸福は求められないであろう。

17日 人をひきつける魅力を持つ

指導者にとってきわめて望ましいことは、人をひきつける魅力を持つということだと思う。指導者に「この人のためなら……」と感じさせるような魅力があれば、期せずして人が集まり、またその下で懸命に働くということにもなろう。

もっともそうは言っても、そうした魅力的な人柄というものはある程度先天的な面もあって、だれもが身につけることはむずかしいかもしれない。しかし、人情の機微に通じるとか、人を大事にするとかいったことも、努力次第で一つの魅力となろう。

いずれにしても指導者は〝ひきつける魅力〟の大切さを知り、そういうものを養い高めていくことが望ましいと思う。

18日 寝食を忘れて

よく「寝食を忘れて打ち込む」と言いますが、自転車用のランプをつくったときの私は、まさにそんな状態だったように思います。しかし、つらいとか苦しいといったことは少しも感じませんでした。それはやはり私が、それまでの自分の体験なり世の人びとの姿から、このままでは不便だ、何とかより便利なものをつくり出したいという強い願いを持ち、と同時に、そのような仕事が非常に好きだったからだと思います。「必要は発明の母」という言葉がありますが、新しいものを生み出すためには、その必要性を強く感じ、その実現のために一生懸命打ち込むことが大切だと、そのとき、しみじみと感じました。

19日 社会人としての義務

われわれお互いが、みずから進んで常識を豊かにしてゆくとか、仕事の力をさらに高めてゆくということは、もちろん自分自身のためではありますが、それは同時に、社会に対する一つの義務でもあると思います。たとえば、われわれの社会で、すべての人が一段ずつ進歩したとするならば、社会全体も一段向上します。ところが他の人がみな三段進歩したのに自分は一段も進歩しなければ、社会全体の平均の段数は三段上がらないことになります。自分ひとりのために全体の水準の向上が犠牲になるわけです。

われわれは、このような社会人としての義務をしっかり認識し、日々努めなければならないと思います。

4月

20日 信頼すれば……

人を使うコツはいろいろあるだろうが、まず大事なことは、人を信頼し、思い切って仕事をまかせることである。信頼され、まかされれば、人間は嬉しいし、それだけ責任も感じる。だから自分なりにいろいろ工夫もし、努力もしてその責任を全うしていこうとする。言ってみれば、信頼されることによって、その人の力がフルに発揮されてくるわけである。

実際には百パーセント人を信頼することはむずかしいもので、そこに、まかせて果たして大丈夫かという不安も起こってこよう。しかし、たとえその信頼を裏切られても本望だというぐらいの気持ちがあれば、案外、人は信頼にそむかないものである。

21日 しつける

日本人は、頭もよく、素質も決して劣っていない。だから、何がいいか悪いかぐらいは百も承知しているはずであるが、さてそれが行動になって表われたりすると、たちまち電車に乗るのに列を乱したり、公園や名所旧跡を汚したりしてしまう。

やはりこれはお互いに「しつけ」が足りないからではないかと思う。いくら頭で知っても、それが子どものときからしつけられていないと、いつまでたっても人間らしい振舞が自然に出てこない。つまりせっかくの知識も「しつけ」によって身についていないと、その人の身だしなみもよくならず、結局社会人として共に暮らすことができなくなってくるのである。

22日 自分の会社を信頼する

新しく会社に入られたみなさんにとって大事なことはいろいろあるでしょう。しかし、私は基本的に言ってまず一番大事なのは、みなさんが自分の会社を信頼するということではないかと思います。

みなさんの会社が、みなさんを迎えたのは、みなさんを信頼しているからです。またみなさんもその会社を信頼して入ったわけです。

だからみなさんは、自分は会社を信頼しているのだ、そしてよき社員になるのだ、そして会社を通じて、人間として社会奉仕をするのだと考える。そう考えていたなら、まず失敗することはないだろうと思います。

23日 目標を与える

指導者にとって必要なことは、目標を与えることである。指導者自身は特別な知識とか、技能は持っていなくてもよい。それは専門家を使えばいいのである。しかし目標を与えるのは指導者の仕事である。それは他の誰がやってくれるものでもない。もちろん、その目標自体が適切なものでなければならないのは当然である。だからそのためには、指導者はそういう目標を生むような哲学、見識というものを日ごろから養わなくてはならない。

自分の哲学なり、体験に基づいて、その時どきに応じた適切な目標を次つぎに与える。指導者はそのことさえ的確にやれば、あとは寝ていてもいいほどである。

24日 心が通った商売

商売というものは、形の上だけで見れば、品物を売って代金をいただくということですが、それでは自動販売機と変わりません。そこにやはり買っていただいてありがたい、という感謝の気持ち、お客さまが大事、といった気持ちを持つことが、商売本来のあり方だと思います。

よく昔の商人は「お客さまの家の方には足を向けて寝ない」というほどの感謝の気持ちで客に接したといいます。そうすると、そういうものがおのずと客にも伝わり、同じ品物でもあの店で買おうということになって、両者の心が通い、社会全体が潤いのあるものになってきます。私は商売にも〝物心一如〟ということがきわめて大切だと思うのです。

25日 福祉はみずからつくるもの

お互いの福祉を向上させていくことは好ましいことであり、基本的には大いに推進されていい。しかし問題は誰がそれを生み出すかである。

今日、一つの風潮として、国民は国がいろいろやってくれるだろうと思い、国は国民の税金を頼り、足りなければ増税したらいいという安易な考えがある。それぞれが何とかなるだろうと考えているわけである。

しかし、福祉を高めていくのに必要な資金は、みな国民が営々として働き生み出した税金にほかならない。つまり福祉を行なうのは形の上では国であっても、国民なのである。そういう認識を深くし、福祉の向上のためにお互い何をすべきかを考えることがきわめて大事だと思う。

26日 知識を活用する訓練

松下政経塾には、優秀な先生方に講師として来てもらうわけですが、普通の学校のような授業はやらない。まず塾生が質問をして、それを先生に答えてもらう形式をとる。質問するものがなかったら、先生は何も言ってくれないというようにしたいんです。質問をするためには疑問を持たなければならない。疑問を持つに至るまでの勉強は自分でやらなければならないというわけです。

つまり、知識を与えるのではなく、持っている知識を活用する能力を育てていく訓練を重ねて、自分の考えを堂々と主張できるような人間になってもらいたいという願いを持っているのです。

27日 賢人ばかりでは

世の中は賢人がそろっていれば万事うまくいく、というものでは決してありません。賢人は一人いれば、それで十分なんです。さらに準賢人が三人、準々賢人が四人ぐらい。そんな具合に人が集まれば上々でしょう。賢人ばかりですと、議論倒れで一向に仕事がはかどらないといったようなことになりがちです。

一つの実例をあげれば、ある会社で三人の立派な人物が、お互いに協力しあっていたはずなのにどうもうまくいかない。そこで一人を抜いてみた。すると残る二人の仲がピタッと合って非常にうまくいき、抜かれた人物も他の分野で成功した。そんなことがよくあるものなのです。

28日 会社は道場

仕事というものは、やはり自分でそれに取り組んで、体得していかなければならないものだと思う。しかし自得していくには、そのための場所というか、道場とでもいうものが必要であろう。

ところが幸いなことにその道場はすでに与えられている。すなわち、自分の職場、自分の会社である。あとはその道場で進んで修行しよう、仕事を自得していこうという気になるかどうかということである。しかも会社という道場では、月謝を払うどころか、逆に給料までくれるのだから、こんな具合のよい話はない。このような認識に立てば、仕事に取り組む姿も、謙虚に、しかも力強いものになるはずである。

29日 心を遊ばせない

指導者というものは、常に心を働かせていなくてはいけない。もちろん、それは四六時中仕事に専念しろということではない。それではとても体がもたない。だからときに休息したり、あるいはレジャーを楽しむこともあっていいと思う。ゴルフをするなり、温泉に行くのもそれなりに結構である。

しかし、そのように体は休息させたり、遊ばせたりしていても、心まで休ませ、遊ばせてはいけない。お湯のあふれる姿からも何かヒントを得るほどに、心は常に働いていなくてはならない。全く遊びに心を許してしまうような人は、厳しいようだが、指導者としては失格だと思う。

30日 困難から力が生まれる

人間というものは恵まれた順境が続けば、どうしても知らず識らずのうちにそれに馴れて、安易になりやすい。昔から〝治にいて乱を忘れず〟ということが言われ、それはきわめて大切な心構えであるけれども、そういうことがほんとうに百パーセントできる人はおそらくいない。やはりどんな立派な人でも無事泰平な状態が続けば、つい安易になる。安心感が生じ、進歩がとまってしまう。

それが、困難に出会い、逆境に陥ると、そこで目覚める。気持ちを引き締めて事に当たる。そこから、順調なときに出なかったような知恵が湧き、考えつかなかったことを考えつく。画期的な進歩、革新もはじめて生まれてくる。

5　月

1日 対立しつつ調和する労使

労使の関係は、常に〝対立しつつ調和する〟という姿が望ましいと思います。つまり、一方でお互いに言うべきは言い、主張すべきは主張するというように対立するわけです。

しかし、同時にそのように対立しつつも、単にそれに終始するのではなく、一方では、受け入れるべきは受け入れる。そして常に調和をめざしていくということです。このように、調和を前提として対立し、対立を前提として調和してゆくという考えを基本に持つことがまず肝要だと思います。

そういう態度からは必ず、よりよきもの、より進歩した姿というものが生まれてくるにちがいありません。

2日 カメの歩みの如く

カメの歩みというのは、一見のろいようだが、私は結局はこのあせらず、騒がず、自分のペースで着実に歩むというのが、一番よいのではないかと思う。

手堅く歩むから力が培養されてゆく。逆にパッとやればどうしても手堅さに欠けるから、欠陥も出てくる。だから見たところでは非常に伸びたようだが、あとであと戻りをしなければならないということも起こってくる。

ウサギのカケ足では息が切れる。ハヤ足でもまだ早い。一番よいのはやはりナミ足で、カメの如く一歩一歩着実に歩むことではないかと思う。人生行路だけではない。事業経営の上でも、大きくは国家経営の上においても同様であろう。

3日 法律は国民自身のために

民主主義の政治のもとにおける法律は、国民お互いの暮らしを守り、それぞれの活動の成果を得やすくし、一人ひとりの幸せを生み高めていくところに、究極の目的なり存在意義があるのだと思います。いってみれば、国民が国民自身の幸せを実現していくためにみずから法律を制定する、というしくみになっているわけです。

したがって、国民お互いがこういう法律を軽視し、無視するような姿がかりにあるとするならば、それはいわば自分自身を軽んじ、自分の尊厳を失うことにも通じると思います。そのことをお互い国民は正しく認識しあい、法律を常に正しく守りあっていくことが肝要だと思います。

4日 日に新たな経営を

よく長い歴史と伝統を持った〝老舗《しにせ》〟と言われるところが、経営の行き詰まりに陥ることがある。そういうところは正しい経営理念を持たないかというと決してそうではない。むしろ、創業以来の立派な理念が明確に存在している。

しかし、そうしたものを持ちながら、それを実際に適用していく方針なりやり方に、今日の時代にそぐわないものがあるわけである。もちろん、旧来のやり方でも好ましいものはそのまま続ければいいわけだが、やはり時代とともに改めるべきは改めていかなければならない。

その時どきにふさわしい日に新たな経営があってこそ、正しい経営理念も永遠の生命を持って生きてくるのである。

5日 断絶はない

最近の若い人たちの考え方が変わってきているといえば変わってきている。そしてそこから断絶という受けとめ方も出てくるけれども、おとなと若い人の間には、いつの時代でもある程度の隔りはあったわけである。しかしそれは考え方の違いであり、断絶とは考えられない。それを何か断絶という言葉におどらされて、おとなが言うべきことも言わないというのは、非常によくないことだと思う。断絶という言葉でみずから離れてしまってはいけない。

断絶はない。しかし青年と中年、老人とではおのずと考えが違う。永遠にそうなんだ、と考えてそれを調和していくところに双方の努力と義務があると思う。

6日 派閥の活用

〝派閥の解消〟ということがよく問題にされる。しかし考えてみると、私は派閥というものはおよそ人間の集まるところ、どこにでもついてまわるものだと思う。派閥をつくるのはいわば人間の本能であって、いいとか悪いとかいう以前の問題ではないだろうか。

それならば、むしろ派閥を肯定した上で、これを活用していくことを考えてはどうか。つまり、各人がバラバラでいるよりもいくつかのグループになっていた方が、全体としてまとめやすく、より能率的に事が運べるわけである。

派閥は解消できない。むしろあっていい。大切なのは、派閥を真に生かす、心の高まりだと思うのである。

7日 みずからを教育する

人間の教育にはもちろん立派な校舎も必要であり、環境も必要でしょうが、それのみに頼っていてはならないと思うのです。行政の充実により、なるほど環境はだんだんよくなってくるでしょう。しかしそういう環境がつくられたとしましても、その中でそれぞれの人がみずからを処して、みずからを教育してゆく。自問自答しつつ、より高きものになってゆくということを怠っては、決して立派な人間は生まれてこないと思うのです。

きょうよりあす、あすよりあさってと、みずからを高めてゆくところに人間の成長があり、またそこから立派な人間が生まれてくるのではないでしょうか。

8日 社員学の第一歩

社員はまず、社長をはじめ首脳者というものがいかに忙しい仕事をし、いかにその職責が重大なものであるか、ということを知っていただきたい。私は社員学の第一歩は、そこから始まると思う。また、そういうように社員が首脳者の苦労を知ると同時に、社長や会社の幹部は、社員の立場に対して理解を持ち、そして社員の働き、苦労に対して大いに感謝することが大切である。

こういうようなことに双方がなると、どんな事業でも成功すると思う。またそういう考え方がどの程度にあるのかということによって、その会社の将来を非常にはっきりと判定できると思うのである。

9日 衆知を集める経営

会社の経営はやはり衆知によらなければいけません。何といっても、全員が経営に思いをいたさなければ、決してその会社はうまくいかないと思うのです。社長がいかに鋭い、卓抜な手腕、力量を持っていたとしても、多くの人の意見を聞かずして、自分一人だけの裁断で事を決することは、会社の経営を過つもとだと思います。

世間一般では、非常にすぐれた一人の人がワンマンで経営すれば、事がうまくいくということをよく言いますが、社長一人で事を遂行することはできませんし、たとえできても、それは失敗に終わるだろうと思います。やはり全員の総意によっていかになすべきかを考えねばならないと思うのです。

10日 熱意あれば

人の上に立つ指導者、管理者としての要諦というものは、いろいろ考えられるけれども、その中でも最も大事なものの一つは、熱意ではないかと思う。

非常に知恵才覚において人にすぐれた首脳者であっても、この会社を経営しようということに熱意がなければ、その下にいる人も、「この人の下で大いに働こう」という気分になりにくいのではないだろうか。そうなっては、せっかくの知恵才覚もなきに等しいものになってしまう。

みずからは他に何も持っていなくても、熱意さえ保持していれば、知恵ある人は知恵を、力ある人は力を、才覚ある人は才覚を出して、それぞれに協力してくれるだろう。

11日 気分の波をつかまえる

人間というものは、気分が大事です。気分がくさっていると、立派な知恵才覚を持っている人でも、それを十分に生かせません。また別に悲観するようなことでなくても悲観し、ますます気が縮んでいきます。しかし気分が非常にいいと、いままで気づかなかったことも考えつき、だんだんと活動力が増してきます。

私は人間の心ほど妙なものはないと思います。非常に変化性があるのです。これがつけ目というか、考えなければならない点だと思います。そういう変化性があるから、努力すれば努力するだけの甲斐があるわけです。そういう人間の心の動きの意外性というものを、お互いにつかむことが大事だと思うのです。

12日 使い捨てと経済性

高度成長の時代に「使い捨て」「消費は美徳」という考え方が浸透しました。私は時どき注射を打ちますけれども、見ていると一度使った注射器をすぐ捨てています。もったいないじゃないかと言ったら、消毒するガス代、水道代、洗う手間を考えたら捨てる方が安いというのです。なるほど、生産の経済性というものがそこまで上がったのかと驚きました。

使い捨てというとたいへんもったいなく思えますが、実は経済の法則にかなっているのです。しかし昔のことを知っている人間には、やはりもったいないという考えはある。その考えは尊く、それはそれで残し、経済性も重んじるということが必要だと思います。

13日 プロの自覚

私は以前、寄席で短剣投げを見たことがある。それは、女の人を壁の前に立たせ、そのからだスレスレのところに次から次へと、二十本あまりの短剣を投げるのである。そのときに私は〝これがプロだな〟と感じた。わずかでも手もとが狂えば、人の命にかかわるのである。それを毎日毎日やり続けて一つの失敗もないというのは、実に大変なことである。しかし、それをやり遂げるのがプロである。

考えてみれば、サラリーマンの仕事でも一緒である。こういう厳しい境地に立って、はじめて一人前として給料がもらえるということであろう。今日のサラリーマンに要求されるのは、アマチュアではない〝プロ〟の仕事である。

14日 母の愛

私は今でも、大阪へ奉公に出る息子の私を駅まで送ってきてくれた母の姿を、はっきりと心に浮かべることができる。涙で語ってくれた注意の言葉、汽車が出るまでしっかり握って離さなかった手のあたたかみ……。そのときの母は、大阪へ行ってからの私の幸せ、私の健康を、言葉では言いあらわせないくらい心に念じていてくれたんだ、としみじみ感じる。

このように、あふれるようなというか、ひたすらな母の愛というものは、今も私の心に脈々と生き続けているのであって、これまで仕事を進めてこられたのも、私の将来というものを心から祈ってくれた母の切なる願いの賜物であろうと思っている。

15日 業界の信用を高める

どんな商売もそうでしょうが、自分の店が発展、繁栄していくには、そのお店の属している業界全体が常に健全で、世間の人びとから信用されていることが非常に大事だと思います。

もしそうではなく、業界の中に不健全な店が多ければ、「あの業界はだめだ、信用できない」ということになって、その業界に属する個々の店も、同じような評価を世間から受け、商売は成り立っていきにくくなるでしょう。

ですから、お互い商売を進めていく上で、自分の店の繁栄をはかることはもとより大事ですが、それと同時に、他の店ともうまく協調して、業界全体の共通の信用を高めることに配慮することが、きわめて大事だと思うのです。

5月

16日 人間観を持つ

人間の幸せを高めていくためには、まず人間が人間を知ることが大切だと思う。言いかえれば、人間とはどういうものであり、どういう歩み方をすべきであるかという正しい人間観を持つということである。そうした人間に対する正しい認識を欠いたならば、いかに努力を重ねても、それは往々にしてみのり少ないものになってしまい、ときにはかえって人間自身を苦しめることにもなりかねない。

そういう意味において、指導者がまず正しい人間観、社会観といったものを生み出し、それに基づく指導理念を打ち立てていくならば、それはきわめて力強いものになってくると思うのである。

17日 悩んでも悩まない

われわれ人間は、たえずといっていいほど悩みにつきまとわれる。しかし私は、悩みがあるということは、人間にとって大事なことではないかと考えている。なぜかというと、常に何か気にかかることがあれば、それがあるために大きなあやまちがなくなる。心がいつも注意深く活動しているからである。

だから、悩みを持つことは、むしろプラスにつながる場合が多い。したがって悩みに負けてしまわず、自分なりの新しい見方、解釈を見出して、その悩みを乗り越えていくことが大切である。悩んでも悩まない、そういうように感じることができれば、人生は決して心配することはない。

18日 国際化時代と日本人

日本という国は、資源なき工業国として、今後とも世界の諸国との密接なつながりの中で生きていかなければならない。だから、いたずらに警戒されたり嫌われたりするようでは非常にマイナスである。

そうならないためには、日本人お互いが、これまでの行き方を大いに反省し、また誤解があれば誤解をといてもらえるように、日本と日本人の考え方を正しく伝えていくことが必要である。そのためにもまず大事なことは、お互いにこの国日本と日本人自身というものの特性なり背景を、みずからしっかり把握することではないだろうか。そしてその上に立って、国際化時代に処する道を、ともども真剣に考え合うことだと思う。

19日 戦乱の中での商売よりも

昔の商人たちは、洋の東西を問わず、戦乱のちまたにあって、いつ流れ玉に当たって死ぬかもわからないという状態の中でも、立派に商売を進めてきました。

しかし、今日では流れ玉に当たるというようなことはまずありません。ですからそのような時代に比べると、今日は困難であるとか経済危機であるとか言っていますが、まだずいぶん楽である。むしろ非常に商売のしやすい絶好の機会と言えるのではないでしょうか。

そう考えて自分の商売をもう一回見直し、必要のあるところに創意工夫を加えていくことによって、難関を切り抜けていくこともできるのではないかと思います。

5月

20日 公平な態度

国における法律の適用には万が一にも不公平があってはならないが、会社や団体における規律や規則についても、これまた同じことが言える。会社の規則というものは、一新入社員であろうと社長であろうと等しくこれを守り、それに反したときは等しく罰せられるということで、はじめて社内の秩序も保たれ、士気も上がるのである。

だから、指導者は常に公平ということを考えなくてはならない。利害とか得失、相手の地位、強弱にかかわりなく、何が正しいかというところから、公平に賞すべきものは賞し、罰すべきものは罰するという姿勢を遵守しなければならないと思う。

21日 自分が社長の心意気を持つ

戦争中に、ある青年が会社の業務として、一つの工場を売りに私のところへ来ました。私は話を聞いた結果、「君が私の会社へ入って、その工場の経営を引き受けてくれるのなら、買おう」と言うと、彼は「私は社長ですから、現在の会社をやめるわけにはいきません」と言下にそれを否定したのです。「君は社員ではなかったのですか」と聞くと、「いや、自分は社員ですが、心持ちは社長のつもりでいます」と言うのです。この返事を聞いて、偉い人だなと思いました。

われわれも一人ひとりが、それくらいの心意気を持って仕事をすれば、いろいろ新しいことも発見できるでしょうし、日々新たに成長もしていくと思うのです。

22日 感心する

同じように人の話を聞いても、「なかなかいいことを言うなあ」と感心する人もあれば、「なんだ、つまらない」と思う人もいる。どちらが好ましいかというと、もちろん話の内容にもよるだろうが、「いいなあ」と感じる人の方により多く、その話の内容から仕事に役立つような何かヒントを得て、新しい発想をするといったプラスの価値が生まれてくるだろう。

ちょっとしたことだけれども、人生とか事業の成否のカギは、案外こうしたところにあるのではないかと思う。人の意見を聞いて、それに流されてはいけないが、お互いにまず誰の意見にも感心し学び合うという柔軟な心を養い高めていきたいものである。

23日 社長は心配役

社長というものは、従業員が一万人いれば一万人の心配を背負っていくものです。ですから、心配で夜も眠れないというときもあります。眠れないからつらい、苦しい。しかし、そのように心配するのが社長の仕事なのです。そのために死んでも、それは早く言えば名誉の戦死ではないか、そう考えるところに社長としての生きがいも生まれてきます。

社長が心配しないでのんびりやれる会社などあり得ない。眠れなかったり、煩悶したりしている姿こそ社長の姿で、そこに社長としての生きがいがある。そういう考え方に立つことが、激動の時代である今日の経営者には求められているのではないでしょうか。

24日 世間に聞く

誰しも日々の仕事の中、生きていく中で迷いは生じるもの。いくら仕事に生きがいを感じていても、それを進めていくにつれて迷いが生じます。では、その迷いをどう解決するか。

私は広く衆知を集めればいいと思います。広く世間にそれを求めればいい。世間は道場、人間錬成の道場です。大きくは社会に、小さくは同僚、友だちに尋ねればいい。そうしていくことによって、そこに自分の具体的な活動の形が求められてくる。

尋ねて答が返ってくる場合もあるでしょうし、返ってこない場合もあるでしょう。しかし、ある程度は返ってくる。不十分ながらも返ってくる。素直な心で求めることだと思います。

25日 社長は徳、副社長は賢

人の組み合わせというのは、微妙なものだと思う。たとえば、会社の場合、非常に優秀な二人の経営者が社長と副社長になっても、相性が悪いとうまくいかないものである。

総じて、どの会社でも、社長が積極的で、副社長は女房役といったところが多いが、原則としては最高首脳者はおだやかで、次席がバリバリやる方が望ましいようだ。つまり経営者の組み合わせとしては、社長は人柄で、副社長は実行力に富む、といったあり方が安定感があるように思う。

王は徳をもって立ち、その下に賢相がいれば、物事が徳望によって行なわれるという。企業の経営についても同じことが言えるだろう。

26日 不要なものはない

みなさんは、いろいろな立場にお立ちになっておられると思いますが、私はどんな立場でも、この立場はいけない、この仕事はまずいということはないと思います。どの仕事が必要でなくて、どの仕事が必要であるということはないのです。この世に存在するものは、すべて必要である、というように考えていただきたいと思うのです。

そしてそうした考えに立って、要は自分には何が適しているか、何が向いているか、自分はどういうところに自分の使命を見出し、打ち込むべきであるかということを、みずから考え、そこに信念を持つことが大切だと思います。

27日 誠意が基本

経営を進めていく上で、もっとも困難があろうと思われるのは販売です。製造には新しい発見や発明がよく考えられますが、販売にとりわけの妙案が生まれることはなかなかむずかしいでしょう。

それでは、そのように妙案奇策のあまりない販売の世界で特色を発揮し、販売を成功させるために何が基本になるかというと、結局はお互いの誠心誠意ではないでしょうか。どうすればお得意様に喜んでいただけ、どういう接し方をすればご満足願えるかを常に考えることが何よりも大切で、そういう誠意が根底にあってこそ、その人の言葉、態度に深い味わいも生まれ、販売力もまた高まっていくと思うのです。

28日 失敗を素直に認める

たとえ、どんな偉大な仕事に成功した人でも、何の失敗もしたことがないという人はいないと思います。事に当たって、いろいろ失敗して、その都度そこに何かを発見し、そういうことを幾度となく体験しつつ、だんだん成長していき、ついには立派な信念を自分の心に植えつけ、偉大な業績を成し遂げるに至ったのではないでしょうか。

大切なことは、何らかの失敗があって困難な事態に陥ったときに、それを素直に自分の失敗と認めていくということです。失敗の原因を素直に認識し、「これは非常にいい体験だった。尊い教訓になった」というところまで心を開く人は、後日進歩し成長する人だと思います。

29日 まかせてまかせず

「好きこそものの上手なれ」という言葉がありますが、人に仕事をまかせる場合、原則としては、こういう仕事をやりたいと思っている人にその仕事をまかせる、ということがいいのではないかと思います。

しかし、まかせてはいるけれども、たえず頭の中で気になっている。そこでときに報告を求め、問題がある場合には、適切な助言や指示をしていく。それが経営者のあるべき姿だと思います。

これは言いかえますと〝まかせてまかせず〟ということになると思います。まかせてまかせずというのは、文字どおり〝まかせた〟のであって、決して放り出したのではないということです。

30日 叱ってもらえる幸せ

叱ってくれる人を持つことは大きな幸福である。叱ってくれ手のないことは寂しいことである。どんな人でも、より多く叱ってもらうことにより、進歩向上が得られるのだ。

叱られて反感を持ち、不愉快な態度を示すことは、再び叱ってもらえる機会を失うとともに、自己の進歩はもうそれで行き詰まりとなる。叱ってもらうことは自己向上の一大資料であることを感じて、これを受け入れてこそ、そこに効果が生まれるのである。

修業途中にある諸君は、叱ってもらうことの尊さを知り、叱られることに大いなる喜びを感じる境地に到達しなければならないと思うのである。

31日 ゼロ以上の人間に

人間の生活はすべてのことが自分ひとりではできない。着物にしても食べものにしても、他の人の労作によってできたものだ。そのかわり自分もなんらかの労作を他人に与えて生活が成り立っている。つまり労作の交換である。この労作を交換しない、もらうばかりで与えるものがないというのでは役に立たない。これはマイナスである。プラスとマイナスがゼロ以上でなければ役に立つ人間とは言えない。

たとえば反物を三反もらったら、それを四反にして提供する人になるということだ。精神面でもこれは同じである。人に対してより高い考え方を与える。これが人と生まれて社会に役立つ人間の姿であろう。

6　月

1日 商売は真剣勝負

商売は真剣勝負である。真剣勝負では、首をはねたりはねられたりしているうちに勝つということはあり得ない。それと同じで、商売は、ときによって損もし、得もするが、それを繰り返しているうちに成功するものだ、などと考えるのは、根本的に間違っている。

熱心にやるからには、失敗なしに成功しなければならない。うまくいかないのは、環境でも、時節でも、運でも、何でもない。その経営の行き方に当を得ないところがあるからだと考えなければならない。真の経営者は、不景気に際して、かえって進展の基礎を固めるものである。

まず世間的な、信念のない考え方を改めることが大事であろう。

2日 主座を保つ

指導者というものは、どんなときでも、自分みずから、〝このようにしよう〟〝こうしたい〟というものは持っていなくてはならない。そういうものを持った上で他人の意見を参考として取り入れることが大事なのであって、自分の考えを何も持たずして、ただ他人の意見に従うというだけなら、指導者としての意味はなくなってしまう。

要は指導者としての主体性というか主座というものをしっかり持たなくてはいけないということである。主座を保ちつつ、他人の意見を聞き、ある種の権威を活用していく。そういう指導者であってはじめて、他人の意見を真に生かすことができるのだと思う。

3日 自然に学ぶ

自然の営みには私心もなければ、とらわれもないと思います。言ってみれば文字通り素直に物事が運び、素直な形でいっさいが推移していると思うのです。一輪の草花にしても、私心なく自然に花を咲かせているのです。そういった花の姿を見て、もちろん何も感じない人もいるでしょう。しかし、素直な心になりたいという強い願いを持っている人の場合には、あるいはそこに何らかのヒントを見出すかもしれません。

そういうことを考えてみると、お互いが素直な心を養っていくための一つの実践として、大自然の営み、自然の姿というものにふれて、その素直さに学んでいくということも大切だと思います。

4日 会社の歴史を知る

われわれは、事をなすに当たって、その事の成果を大事にすることはもちろんであるけれども、同時にその成果を生むまでの過程をも、もっと重視したい。そうすることによって、自然に謙虚さが生まれ、軽率な判断も避けられる。

会社についても、今日ここにあるまでには、やはりいろいろな道程をたどってきたのである。喜びもあったし苦しみもあった。しかしどんなときも、お互いが心を結び合い、隠忍自重、絶えまない努力を続けてきたのである。

そういう生い立ちなり道程については、ある程度は知っておきたい。仕事の知識もさることながら、会社の歴史についても理解を持つことが、やはり大切だと思うのである。

5日 商道徳とは

商道徳とは何かということについては、むずかしい理屈もあるかもしれないが、ごく通俗的に考えれば、商売人としての心構えとでもいうべきものであろう。それは昔も今も同じであり、永遠に変わらないもののような気がする。つまり、商売人には商売人としての使命がある。だから、その使命に誠実に従い、ひたすらこれを果たしていくということである。

私がやってきた電器屋であれば、人びとの役に立つものを開発する。しかも合理化をはかり、適正な利益をとりつつも、なお安くなるよう努める。また配給もできるだけムダをなくす。それが商道徳というもので、これは他のどんな商売にも言えるのではないかと思う。

6日 何事も結構

運命というものは不思議なものだと思います。人はみなそれぞれ志を立てるのですが、なかなか思い通りにいかないし、実現しにくい。希望とは逆の道が自分にピッタリ合って成功する場合もあるのです。

だから私は、あまり一つのことをくよくよ気にしない方がいいのではないかと思います。世の中で自分が分かっているのは一パーセントほどで、あとは暗中模索、はじめから何も分からないと思えば気も楽でしょう。

とにかく人間にはさまざまな姿があっていいと思うのです。恵まれた生活も結構だし、恵まれない暮らしも結構、何事も結構という気持ちが大切だと思います。

7日 部下が偉くみえるか

会社の社長さんで、「どうもうちの社員はアカンわ。困っとるんや」というように、自分のところの社員を悪く言われる方があります。ところが、そういう会社は必ずといっていいほどうまくいっていないのです。反対に「自分の部下はいい人間ばかりで、ほんとうに喜んでいるのだ」というような方のところは、みな成績も上がり商売もうまくいっています。

そういうことを考えてみますと、上に立つ人が自分の部下を偉いと思うか、それともアカンと思うかによって商売の成否が分かれてくるといってもいいように思います。そんなところに経営なり人使いの一つのコツとでもいうものがあるのかもしれません。

8日 富の本質

時代によって富についての考え方も変わってきます。これまでは単に蓄積された物が富と考えられてきましたが、経済の進歩した今日では、その物を生産し得る能力、生産力こそが真の富だとも考えられます。

それでは生産力だけを増やせばいいかというと決してそうではありません。生産は必ず消費に相応じなければなりません。いくら生産しても、それが消費されなければ何の値打ちも持ちません。すなわち、消費力があればこそ、生産力があるのです。したがって生産力と消費力のバランスをとりつつ増大させていくことが、富の増大であり、繁栄の道もそこから生まれてくると言えるのではないでしょうか。

9日 苦労を希望に変える

仕事のコツを体得するということは、決して楽なわざではないと思います。相当精魂を込めてやらなければならないと思うのです。

それはやはり一つの苦労だと考えられます。しかし苦労であっても、それをやらなければ一人前になれないのだということを、青少年の間から、常に先輩に聞かされていますと、それは苦痛でなくなってくるのです。それは希望に変わるのです。ですから、そのコツを体得することに対して精魂をかたむけるということができてくると思います。

そのように、いろいろむずかしい問題にも、心を励まして取り組んでいくところに、自己の完成というか、自己の鍛えがあると私は思います。

10日 一千万円の時間

先日、知人から「息子があなたに会いたがっている、十分でもよいから会ってやってもらえないか」という依頼がありました。十分ぐらいだったらと会いましたが、後日その知人が、息子さんが「今日は一千万円儲かった」と、喜んでいたと言うのです。「松下さんの十分間は、それだけの値打ちがある」というわけです。

私にそんなに値打ちがあるとは思いませんが、その考えは偉いな、と感心しました。人に時間をさいてもらって話を聞くとき、これをお金で評価する必要はないにしても、単に話を聞いたというだけでなく、その行為に感謝して、ある種の感慨を持たなければならないことを、私はこの二十五歳の青年に教えられました。

11日 小田原評定では……

多くの会社では決起大会をやり、反省すべき点や、今後の目標を確認しあいます。しかしそれも、こうしなければならないということがわかった、というだけではいけない、実行がなければいけません。実行ができない限りは、百の決起大会を行なっても、それは費用を使うだけ、時間を使うだけに終わってしまいます。

昔の話に小田原評定《おだわらひょうじょう》ということがあります。大軍が攻めてくるということに対して、小田原城の人は、評定に明け評定に暮れてついに負けてしまったという話です。それではいけない、評定は一回でよい、あとは実行だ、そうしてこそ、はじめて成果をあげられるのです。一にも実行、二にも実行です。

12日 公明正大

後漢の時代に、高潔をうたわれた楊震という政治家がいた。この人がある地方の太守として赴任していったところ、たまたま以前に引き立ててやった王密という人が夜分に訪ねてきて、大枚の黄金を楊震に贈ろうとした。楊震が受けとるのを断わると、王密は「こんな夜中で、この部屋には私たち二人しかいないのですから、誰にもわかりませんよ」と言った。そのときに楊震は「誰も知らないと言うが、君と私自身が知っているではないか」こう言ったという。

他人が知っているということよりも、まずみずからの心に問うて、やましいところがないか、公明正大であるかということが大切だと思うのである。

13日 寛厳よろしきを得る

指導者はいわゆる寛厳よろしきを得ることができるよう心がけることが大事だと思う。

やさしさばかりでは、人びとは安易になり、成長しない。厳しさ一方でも、畏縮してしまい、のびのびと自主性を持ってやるという姿が生まれてこない。だから寛厳よろしきを得ることが大切なわけであるが、ただこれは、厳しさと寛容さを半々に表わすということではない。

厳しさというものはなるべく少ない方がいい。二十パーセントの厳しさと八十パーセントの寛容さを持つとか、さらには十パーセントは厳しいが、あとの九十パーセントはゆるやかである、しかしそれで十分人が使えるというようなことが一番望ましいのではないだろうか。

14日 サービスできる範囲で商売を

どんないい商品があっても、サービスがそれに伴わなかったら、これはお客様にほんとうに満足していただけないと思います。むしろ、サービスに欠けるところがあったならば、お客様の不満を招き、かえって商品自体の信用を落とすことにもなりかねません。だからサービスとは、ある意味では製造なり販売に優先するほどのものだとも考えられます。

サービスというものは、どんな商売にもつきものであり、大切なのは、いかなる場合でも完全なサービスのできる範囲で商売をしていくことだと言えます。そういう経営の姿勢からこそ、堅実な商売の発展がもたらされてくると思うのです。

15日 批判はあとでよい

賢い人は、ともすれば批判が先に立って、目前の仕事に没入しきれないことが多い。そのためせっかく優れた頭脳と知恵を持ちながら、批判ばかりして、結局は簡単な仕事も満足にできないことがある。

ところが逆に、人が見ればつまらないと思われるような仕事にも、「バカの一つ覚え」と言われるぐらいに全身全霊を打ち込む人がいる。この姿は全く尊く、見ていても頭が下がる。

仕事に成功するかしないかは第二のこと、要は仕事に没入することである。批判はあとでよい、とにかく一心不乱になることだ。こうした努力は必ず実を結ぶと思う。そこからものが生まれずして、いったいどこから生まれよう。

6月

16日 常識を破る

私たちを取り囲んでいる常識というものは、想像をはるかに越す根強さを持っています。しかし私たちは、その常識を尊ぶとともに、ときには常識から自分を解放することが必要だと思います。そしてそのためには、やはり強い熱意が要請されます。熱意のたぎっているところ、人は必ず新しい道を開きます。常識では考えられないことをやってのけ、運命を切り開き、新しい発明発見をします。常識を破るのです。

常識は大事であり、破るがために常識にはずれたことをするのは、世の中を乱し、周囲に迷惑を及ぼすだけです。そうではなくて、熱意の発するところには、次つぎと新しい着想が生まれ、必然的に常識が破られていくのです。

17日 孤立化を防ぐ

今日の日本が世界の中で、ふたたび孤立化する傾向があるとするなら、それはみずから招いているのである。つまり、それは日本なり日本人が置かれている立場、実態を知らないところからきている。

だから、われわれは、まずすべての国、すべての人びとが、日本と仲よくしてくれているからこそ自分たちは生活できるのだ、という自覚認識をすることが大事であろう。その自覚からは、みんなの世話になっているという謙虚な気持ちがおのずと出てくる。そうなれば、事は半ば解決するといってもよい。そういう思いを持つなら、みずから孤立化を招くような態度は決して出てこないと思うのである。

18日 上には上がある

剣術でも、習い始めて少しうまくなってくると、みんなが自分より弱く見えて、太刀さえとれば自分が勝つように思う。だが、その域を脱すると、自分もまあ相当修業できたかもしれないが、しかし上には上がある、自分より上の人がたくさんいるということがわかってくるから、自然謙虚な心持ちになり、その人たちを手本としてその本質を究めようとします。

経営もこれと同じで、経営者としての経験を積めば積むほど、経営というものの幅の広さ、奥行きの深さがわかってくるものです。もうこれでいいというのではなく、常によりよき方法、よりよき道を求めるという姿勢が大切だと思います。

19日 美と醜

私の自宅の近くに水のきれいな池がある。水面に周囲の樹々の姿を映し、まことに風情がある。ところがこの池がひところ雨が降らなくて、底の大半を露出してしまうまでになった。映すべき何物もなく醜い底を露呈するばかりである。美の反面には醜がある――そんな思いである。

お互い人間も、これと同じことではなかろうか。美と醜とが相表裏しているところに、人間の真実がある。とすれば、美の面のみにとらわれて、その反面の醜を責めるに急なのは、人間の真実というものを知らないものである。温かい寛容の心を持って接し合うことが、お互いに明るく暮らすための、一番大事なことではなかろうか。

20日 言うべきを言う

部下を持つ人は、自分一人だけの職務を全うすればいいのではなく、部下とともに仕事の成果全体を高めていかなくてはなりません。そのためには、やはり部下に対して誠意を持って言うべきことを言い、導くべきことを導いていくことが大切です。

注意すべきときに〝注意したら文句を言ってうるさいから〟というようなことを考えて、言わずに放っておくというようなことではいけません。部下がなすべきことはやはり毅然として要求し、断固それを推進させていくということでなければならない。そういうことをしない上司には、部下はかえって頼りなさを感じるものです。

21日　事業は人なり

「事業は人なり」と言われるが、これは全くその通りである。どんな経営でも適切な人を得てはじめて発展していくものである。

いかに立派な歴史、伝統を持つ企業でも、その伝統を正しく受けついでいく人を得なければ、だんだんに衰微していってしまう。経営の組織とか手法とかももちろん大切であるが、それを生かすのはやはり人である。どんなに完備した組織をつくり、新しい手法を導入してみても、それを生かす人を得なければ、成果も上がらず、したがって企業の使命を果たしていくこともできない。

企業が社会に貢献しつつ、みずからも隆々と発展していけるかどうかは、一《いつ》にかかって人にあるとも言える。

22日　知識はあっても……

先般、あるお店で、金庫の扉がガス溶接機で焼ききられて、中の金を盗まれるという事件がありました。ガス溶接の知識を利用して扉を溶かしたわけです。そういう泥棒がいるのです。

知識はいくら持っていても、人間の心、すなわち良心が養われなければ、そういう悪い方面に心が働き、知識はかえって仇《あだ》になる、というような感じがします。

今日、新しい知識がなければ生活にこと欠くというくらい知識は大事なものです。それだけに、知識にふさわしい人間、人心というものを育てることが非常に必要なことではないかと思うのです。

23日 中小企業の強み

世間ではとかく中小企業は弱いと言います。しかし私は、中小企業ほど人がその能力を十分発揮しつつ働きやすいところはないと思うのです。従業員が二十人とか五十人ということであれば、お互いの気心や動きがよくわかって、打てば響くすばやい活動ができやすいのです。

つまり、かりに大企業では個々の人の力を七十パーセントぐらいしか生かすことができなくても、中小企業は百パーセント、やり方によっては百二十パーセントも生かすことができるわけです。そういうところに、中小企業の一つの大きな強みがあるように思います。その強みを積極的に生かしていくことが、きわめて大切ではないでしょうか。

24日 歴史の見方

私は最近、お互いの歴史に対する態度の中に、何か人間の醜さとかそういったウラの面を強調しすぎている面があるのではないか、ということが気になっている。

今日の姿をつくっているのは歴史である。そして今後の歴史というものは、われわれが、祖先が営々と努力を積み重ね前進してきた姿なり、子孫に残した遺産なりをどのように受け取り、生かすかによって変わってくるのである。

そういう意味から、歴史の長所短所そのままを認識し、いい面はどんどん伸ばしていかなくてはならない。興味本位にこれを扱うことなく、もっと美しい面も同時に見るようにしたいと思うのである。

25日 報告する

何かを命じられて使いに行き、帰ったら、「あれはこうでした」と、必ず報告しているでしょうか。

何か問題が起こったという場合はもちろん、何事もなかったときでも、何もなかったのだからそれでいいと考えるのではなく、まず報告する。また、それがいい結果であったら、それはそれで報告する。そうすると、報告を受けた方も「それは結構やったな」と非常に愉快になるし、安心もします。

打てば響くというか、以心伝心というか、肝胆相照らす仲であれば、命じた人の気持ちを察して必ず報告するものです。そのちょっとした心がけから信頼感も生まれてくると思います。

26日 冷静な態度

人間というものは誰しも、困難に直面すると恐れたり、動揺したりするものである。指導者とても人間だから、ときに不安を感じ、思案に余るのは当然であろう。

しかし、内心で感じても、それを軽々に態度に出してはいけない。指導者の態度に人は敏感なものである。それはすぐ全員に伝わり、全体の士気を低下させることになってしまう。

だから、指導者たるものは日ごろから事に当たって冷静さを失わないようにみずから心を鍛えなければならない。そして、どんな難局に直面した場合でも、落ち着いた態度でそれに対処するよう心がけることがきわめて大切だと思うのである。

27日 策を弄する

世の中には、事をなすに当たって、いろいろ策を弄《ろう》する人があるようです。「弱肉強食は世の習い」とかで、ぼやぼやしていたのでは激烈な生存競争に敗北してしまうということから、何としても人より一歩でも先んじたいという気持ちが高じて「策を弄する」ことになるのかもしれません。しかし、こうした小細工は自然の理に背く場合が多く、結局成功することも少ないのではないのかと思います。

「策を弄する」とは、私は知恵才覚をもてあそぶことだと思います。知恵才覚は人間に与えられた偉大な特質ですが、これはあくまでも正しい目的のためのみに使われるべきもので、よこしまな策謀に使ってはならないと思うのです。

6月

28日 身も心も、そして財産も

人間、将来のことはわからないけれども、少なくともいま現在のあなたは、入社した動機はどうあるにせよ、一応生涯をこの会社に託そうと決心して、身も心も会社に打ち込んでいると思う。

そこで、さらに一歩進んで自分の財産までも打ち込めないものかどうか。たとえば極端に言うと、全財産をはたいてあなたの会社の株にかえるような、心がまえとしては会社と心中するくらいの気持ちであってほしいと思う。

そういう心がまえであれば、必ずや仕事の成果というものは非常に上がるであろうし、またそういう姿は、会社からも周囲からも高く評価されると思うのである。

29日 諫言を聞く

指導者が物事を進めていくに当たって、みなからいろいろな意見や情報を聞くのは当然の姿である。そしてその場合、大事なのは、自分にとって都合のいいことよりも、むしろ悪いことを多く聞くことである。つまり、賞賛の言葉、順調に進んでいる事柄についての情報よりも、〝ここはこうしなくてはいけない〟といった諫言《かんげん》なり、悪い点を指摘する情報を努めて聞くようにしなければならない。

ところが、そうした情報はなかなか指導者の耳に入ってきにくいものだ。だから、指導者はできるだけ、そうした諫言なり、悪い情報を求め、みながそれを伝えやすいような雰囲気をつくることが大切なのである。

30日 健康法はなくても……

私は若い頃から病弱であったが、戦中戦後の無我夢中で働かざるを得ない時期を経て健康体になり、いまもまだ元気でいられる。健康法といえるものは何もないといっていい私にとって、これは考えてみればまことにありがたいことだし、ほんとうに不思議なものだと思う。

しかし、これまでの歩みを振り返ってみると、私は、一つの仕事が成就すると、またすぐ次の仕事をと、たえず目標を持って努めてきた。いま静かに思うと、その繰り返しの中に張り合いがあり、そこにいわば死ぬに死ねないとでもいうか、一種の緊張感がみなぎっていた。そこに生きる張り合いを感じ、毎日を過ごしてきたように思うのである。

7　月

1日 素直な心の初段

聞くところによると、碁を習っている人は、大体一万回くらい碁を打てば初段になれるということです。素直な心の場合もそれと同じようなことがいえるのではないかと思います。まず素直な心になりたいと朝夕心に思い浮かべ、そうしてたえず日常の行ないにとらわれた態度がなかったかを反省する。そういう姿を一年、二年と続けて、一万回、約三十年を経たならば、やがては素直の初段ともいうべき段階に到達することもできるのではないかと思うのです。

素直の初段にもなったならば、まず一人前の素直な心といえるでしょう。だから大体において、過ちなき判断や行動ができるようになってくると思います。

2日 経営力の大切さ

商売を発展させていく上で、経営力というものが大切であることは、いまさらいうまでもないと思います。そしてそういった経営力は、その主人公といいますか、経営する立場にある人がみずからこれを持てば、一番望ましいことはもちろんです。

けれども、現実には必ずしもそうでない人もあると思います。その場合、その会社や商店の経営はうまくいかないかというと必ずしもそうではありません。

主人公みずからが経営力を持たなければ、しかるべき番頭さんを求めたらいいわけです。経営力の大切ささえ忘れなければ、やり方はいくらでもあるといえましょう。

3日 是を是とし、非を非とする

とかく人間というものは、物事を数の大小や力の強弱といったことで判断しがちである。そしてまた、そういうことを中心に考えた方がいいという場合もあるだろう。

しかし、それは日常のことというか、いわば小事についていえることではないだろうか。大事を決するに当たっては、そうした利害、損得といったものを超越し、何が正しいかという観点に立って判断しなくては事をあやまってしまう。それができるということが、指導者としての見識だと思うのである。

とかく長いものにはまかれろ的な風潮の強い昨今だけに、指導者にはこうした是を是とし、非を非とする見識が強く望まれる。

4日 心から訴える

自分の考えた一つの案を、会社なり上司に用いてもらうには、やはりそれなりの方法というか、持っていき方があるのではないかと思います。これは商売人が物を売り込むのと一緒です。「これ、いいから買え」と生意気に言ったのでは、うまくいきません。その売り込み方が肝心なのです。

まあ商売であれば、いろいろな言葉も使えましょう。また宣伝の仕方もいろいろありましょう。しかし要は、それを非常に誠心誠意、訴えていくということだと思います。提案をするにしてもこれと同じことです。誠意を基本に喜んで用いられるような接し方を工夫する、そういうことが非常に大事な問題だと思うのです。

5日 責任を生きがいに

人は成長するにつれて、だんだんその責任が重くなっていきます。そして、成人に達すると法律的にもはっきり少年のころとは違った責任を問われます。また、次第に高い地位につくようになると、それだけ責任が重くなります。

しかし、人はもともと責任を問われるところに、人としての価値があるのだと思います。責任を問われることが大きければ大きいほど、それだけ価値が高いということがいえましょう。ですから、責任を問われるところに、生きがいもあろうというものです。責任を背負い、そのことに生きがいを覚えないとしたら、年齢は二十歳をどれだけ過ぎようと一人前の人ではありません。

6日 社長はお茶くみ業

戦後、世間一般の風潮として、社長の言うことだからといって、それがスッと聞かれるというわけにはいかなくなった。だから形の上では命令することがあっても、実質はお願いするという気持ちを心の内に持たなくては、社長の職責がつとまらなくなったわけである。

そういう心持ちになったなら、社員の人が仕事をしてくれれば、「いやどうもありがとう。ほんとうにごくろうさま。まあお茶でも一杯」ということにもなる。そういうことから、以前私は、社長は〝お茶くみ業〟だと考え、人にも話したことがある。もちろん実際にお茶くみをするわけではないが、そういう心持ちになることが大切ではないかということである。

7日 信ずることと理解すること

繁栄、平和、幸福をより早く、より大きく生むためには、信ずることと理解すること――この二つを全うしてゆかなければなりません。というのは、信を誤らないためには、理解を正しく働かさなければなりません。理解を捨てると、迷信に陥りやすく、また理解だけで信ずる心がなければ、信念に弱きを生じてしまうからです。

では信と解を全うしてゆくにはどうすればよいか。それにはまず素直な心になることです。正しい理解も素直な心から生まれてきますし、信ずることも素直な心から高まってくると思います。心が素直であって、信と解がともに高まれば、あらゆる場合に適切な働きができるようになると思います。

8日 欠点を知ってもらう

上に立つ人は、自分の欠点をみずから知るとともに、それを部下の人たちに知ってもらい、それをカバーしてもらうようにすることが大事だと思う。部下の人が全知全能でないごとく、上に立つ人とても完全無欠ではない。部下の人よりは欠点は少ないかもしれないが、それでも何らかの欠点を持たないという人はいないだろう。

その欠点多き上司が自分の知恵、自分の力だけで仕事をすすめていこうとすれば、これは必ずといっていいほど失敗するだろう。やはり、自分の欠点を部下の人に知ってもらい補ってもらってこそ、はじめて上司としての職責が全うできるのである。

9日 自己資金での経営

商店、会社というものは、本当は借金をせずして自己資金の範囲で経営しなければならないと思います。

と言っても、そうするにはそれだけのものを儲けなければならないわけですから、なかなか容易なことではありません。ただ高く売るのではお客様は買ってくださらない。原価を引き下げるとか、お客様にキメこまかいサービスをするということに成功するより仕方がありません。

それに成功するならばお客様に喜んでいただきつつ、自分も適正に儲け、そして経営の体質も改善されてくるでしょう。自己資金での経営に徹するという決心があれば、それは必ず可能だと思うのです。

10日 おとなの責任

現代の青年は夢がないとか、生きがいを見失っているとか言うけれども、それは青年自身の問題ばかりでなく、社会の問題、おとなの問題とも言えるのではないだろうか。つまり、おとなというか、その国、その政治が青年たちに生きがいを持たすようにしていない。夢を与えていない。使命感を与えていないのである。

同じ仕事をするにしても、そのことの意義とか価値というものをはっきりと自覚させられ、教えられていないから、迷ったり不平を持って、やがては現代の社会をのろうようにもなるわけであろう。そこに今日の日本の根本の問題があるのではないかと思う。

11日 礼儀作法は潤滑油

礼儀作法というものは、決して堅苦しいものでも、単なる形式でもないと思います。それはいわば、社会生活における〝潤滑油〟のようなものと言えるのではないでしょうか。

職場では、性格や年齢、ものの考え方など、いろいろな面で異なる人びとが相寄って仕事をしています。そのお互いの間をなめらかに動かす役割を果たすのが礼儀作法だと思うのです。

ですから、礼儀作法というものは、当然、心のこもったものでなければなりませんが、心に思っているだけでは潤滑油とはなり得ません。やはり形に表わし、相手に伝わりやすくし、心と形の両面があいまった適切な礼儀作法であってこそ、はじめて生きてくると思うのです。

12日 みずからをつかむ

人それぞれに顔かたちが違うように、人間は誰しも、一人ひとり違った素質、才能を持っている。ただそれらは、顔を鏡にうつすごとくには表面に出にくい。

しかし、そういう自分の素質とか才能というものを自分でしっかりとつかみ、そしてそれを日々の活動に、ひいては人生に生かすことができたら、どれだけ人間としての喜びに満ちた生活が営まれ、人生の妙味というものを味わうことができるだろうか。

一人ひとりが他と違ったものを持ち、そして日々新たに発展していく。そこには苦しみもあろうが、何物にもかえがたい喜びもあるはずである。

7月

13日 世論を超える

一般に、指導者というものは世論というか多数の意見を大切にしなくてはいけない。世論に耳を傾けず、自分一個の判断で事を進めていけば、往々にして独断に陥り、過ちを犯すことになってしまう。

けれども、それはあくまで平常の場合のことである。非常の場合にはそれだけでは処し切れない面も出てくる。そういう場合には、指導者は世論を超えて、より高い知恵を生み出さなくてはいけない。

常は世論を大切にし、世論を尊重しつつも、非常の場合には、あえてそれに反しても、より正しいことを行なう。それができない指導者ではいけないと思う。

14日 資本の暴力

事業を行なう限り、利潤の確保に努めることは当然である。が、それはあくまで適正な競争によるべきであって、手段を選ばぬ過当競争によるものであってはいけない。

ところが現実には、自社製品の市場占有率を高めることのみ考え、損を覚悟で売るという姿が見受けられることがある。これは資本による暴力にほかならないと思う。とくに大企業が、その資本に頼り、暴力的行為に出れば、その業界は大いに混乱する。そしてそればかりか業界の信用をも落とすことになりかねない。

今日、いわゆる暴力が禁止されているごとく、資本による横暴も一つの罪悪と見て、厳しく自戒すべきだと思う。

15日 ありがたいお得意さん

お得意さんの中には、つくったものを持っていくと、「これはなかなか苦心してつくってある。よくできている」とこちらが嬉しくなるようなことを言って買ってくださる非常にいいお得意さんもあれば、逆に「こんなものはダメだ。値も高いし、できもよくない。よそのはもっといい」と持って帰れと言わんばかりのお得意さんもあります。

そのときにどちらがありがたいかということです。ほめて買ってくだされば、それが一番いいけれど、そんないいお得意さんばかりでもかえって具合が悪い。世の中を甘く見、勉強しないようになるからです。厳しいお得意さんも、またありがたいお得意さんと言えるでしょう。

16日 仕事は無限にある

この頃は不景気で仕事がないと言うけれども、今後百年の日本というものを考えてみると、その間に日本の建物という建物はほとんどつくり替えなければならなくなるだろう。橋や道路も同じである。そういうことを考えてみただけでも、仕事はいわば無限、困るほどにあるのである。

ところがそういう見方をせずに、みずから仕事がないようにし、不景気にしているのが、いまの日本の実情ではないだろうか。

これはものの見方を変えないといけない、発想の転換をしなければならない、ということである。そうしてこそはじめて、わが国に無限の仕事があることがわかるのである。

17日 自他相愛の精神

個人と個人との争い、国と国との争いは、相手を傷つけ、さらには社会全体、世界全体を混乱させる。そういう争いの大きな原因は、自他相愛の精神というか、自分を愛するように他人を愛し、自国を愛するように他国を愛する精神の欠如によるものであろう。

そういう精神の大切さは昔からいろいろな教えによって説かれていながら、いまだに争い事が絶えないのは、人びとがこのことの大切さを真に悟っておらず、その精神に徹していないからだと思う。

争いはみずからをも傷つけるということを身をもって知り、人類に平和をもたらすために力を合わせていくことが肝要である。

18日 公事のために人を使う

たくさんの人が働いている企業の中には、いろいろさまざまな職種がある。けれどもそのどれをとっても、一つとして私の仕事はない。みな、その企業が事業を通じて社会に貢献していくために必要なものである。その必要な仕事をやってもらうために人を雇い、人を使っているわけである。形の上では使う立場、使われる立場はあるけれども、あくまで私のためではなく、公のために人を使うのである。

だから、単に私的な感情や利害で人を使ったり、処遇することは許されない。常に社会の公器としての企業の使命というものに照らして、何が正しいかを考えつつ、人を使うように心がけなくてはならない。

19日 会社の病気の早期発見

癌は早期発見をすれば治すことができるということですが、見てもらったときには手遅れであるという場合も少なくないようです。そういうことは、会社の経営においても言えるように思います。〝会社の状態がちょっといかんなあ〟と気がついたときには、もう末期の状態で手のつけようがないということが往々にしてあるわけです。

ですから、どんなに順調に発展している会社、商店であっても、経営には常に自己診断をすることを怠ってはならないと思います。そして〝この点に欠陥があるな〟ということを早く知ることができれば、大きな問題にはならず、手当ても可能だと思うのです。

20日 〝仕事の上手〟に

日本古来の武道の一つに弓道があるが、この道の達人の域に達すると、たとえ眼かくしをして矢を放っても、ピシャリと的を射るという。しかし、こういった名人の域に達するには一朝一夕ではとてもおぼつかない。一矢射るたびに必ず検討を加え、工夫を重ねていって、一歩一歩、上達していくのである。

私は仕事にしても、これと同じことが言えると思う。日々、みずからの仕事の成果を検討することに努めれば、〝仕事の名人〟とまではいかなくとも、必ずや〝仕事の上手〟にはなれると思う。百本の矢を射れば、少なくとも八十本は的に当たるという〝上手〟の域にまで、おのおの仕事を高めたい。

21日 世間は神の如きもの

事業が大きくなってくると、仕事もだんだんと複雑になって、そこにいろいろな問題が起こってくる。

私は、この問題をどう考え、どう解釈すべきかと日々の必要に迫られて、その解決策の根本を求めていくうちに、〝世間は神の如きもの、自分のしたことが当を得ていると、世間は必ずこれを受け入れてくれるにちがいない〟という考えに行きついた。

正しい仕事をしていれば悩みは起こらない。悩みがあれば自分のやり方を変えればよい。世間の見方は正しい、だからこの正しい世間とともに、懸命に仕事をしていこう……こう考えているのである。

22日 フグの毒でも

今日のわが国では、せっかくいいものが発明されても、それに万に一つでも欠陥があれば、もうそれでそのものはすべてだめ、としてしまうような傾向が強いように思われます。それは言ってみれば、フグの毒を発見してフグを食べるのを一切やめてしまうようなものだと思います。

科学技術が非常に進歩した今日に生きる私たちは、フグの安全な調理に成功した昔の人に笑われないよう、物事を前向きに考え、せっかくの科学技術の成果を十分に活用できるだけの知恵を、さらに養い高めていくことが必要ではないかと思います。そこに人間としての一つの大きな使命があるのではないかと思うのです。

23日 末座の人の声を聞く

みなさんが長という立場に立って会議をする場合、一番若輩と言われるような人からも意見が出るということが非常に大切だと思います。そしてそのためには、意見が出るような空気というか雰囲気をつくっているかどうかがまず問題になります。だから末座に座っている人でも、遠慮なく発言できるような空気をつくることが、長たるものの心得だと思うのです。

そして、末座に座っている人から意見が出たなら、葬ってしまうようなことをせず、喜んでそれを聞く素直さ、雅量というものを持つことが非常に大事だと思います。それを持っていないと、そのグループなり会社はうまくいかなくなってしまうでしょう。

24日 利害を超える

ある日、私のところに「自分の会社でつくる製品の販売を引き受けてもらえないか」という話を持ってこられた人がいた。私はいろいろとその人の話を聞いてみて、この人はえらい人だなと思った。普通であれば、自分にできるだけ有利になるよう交渉する。それがいわば当たり前である。ところが、その人は「すべてをまかせる」という、自分の利害を超越した態度をとられた。私はその態度に感激し、心を打たれた。

われわれはともすれば自分の利害を中心にものを考える。これは当然の姿かもしれない。しかしそれだけに、それを超越したような姿に対しては、心を動かされる。これもまた人間としての一つの姿ではないか。

25日 三回ダメを押す

新しい仕事をするときはよほど注意をしなければいけない。その仕事を進めていくとき、上長の人に承諾を得ても、実行するに当たっては、三回ダメを押したい。一度だけ「よろしいか」「ああよかろう」と承認されても、それで事足れりとしてはいけない。そしてあとでうまくいかなかったときに、「あのときに上長のあなたが承諾したからやったのだ」というようなことを言うのは、言う方が間違っていると考えるべきだと思う。

一度判を押してもらったらもうそれで事足れりというような考えでは、真に過ちのない、生きた仕事はできるものではないと思うのである。

26日 経営にも素直な心が

成功する経営者と失敗する経営者の間にある大きな違いは、私心にとらわれず、公の心でどの程度ものを見ることができるか、ということにあると思います。私心つまり私的欲望によって経営を行なう経営者は必ず失敗します。私的欲望に打ち勝つ経営者であってこそ、事業に隆々たる繁栄、発展をもたらすことができると思うのです。

私の欲望にとらわれず、公の欲望を優先させるということは、言葉をかえれば、素直な心になるということです。私心にとらわれず、素直な心で物事を見ることができるようにみずからを常に顧み、戒めることが大切だと思います。

27日 人間の幸せのための政治

私たちが決して忘れてならない大事なことは、政治は結局、お互い人間の幸せを高めるためにある、ということです。過去においては多くの人びとが政治によって苦しめられ、お互いの血を血で洗うということもありました。

しかし、そうした好ましくない姿は、政治の本来の姿ではない。政治は本来、お互い人間のそれぞれの活動をスムーズに進めることができるようにするものです。それらの調整調和をはかり、共同生活の向上をはかって、一人ひとりの幸せを生み高めることをその使命としているのです。

この〝政治は本来、人間の幸せのためにある〟ということを、私たちはまず正しく認識しあう必要があると思います。

28日 降格は公の心で

部長が適任でない場合どうするかということは、非常に大事な問題である。日本の会社では、とり替えるということはむずかしいことである。だが、それはやらなくてはならない。やりにくいことをやらなければ物事は成り立たない。断固としてやる勇気を持たなくてはいけない。

そういうときに、一つ勇気を出す方法がある。それは、会社は個人のものではない、公のものである。だから個人の情において忍びなくても、公のためには替えなければならない、と考える。実際はそう理屈通りにはいかないが、そのような解釈を強く持つか持たないかによって、それが適切にできるかできないかという差が出てくるのではないだろうか。

7月

29日 力の限度にあった仕事を

二、三人の人を使っての個人企業の経営者としては立派に成績を上げたけれども、十人、二十人と人が増えてはもうやっていけないという人もあろう。このことは、ひとり経営者についてだけでなく、部とか課の責任者、さらには一人ひとりの社員が仕事と取り組む上での心構えといった点で大事な教訓を含んでいると思う。

それは、お互いが自分の能力を知り、その上に立って自己の適性というか、力の限度にあった仕事をしていかねばならないということである。自分の能力を常に検討し、適性にあった仕事をしていってこそ、自分自身にとってその働きが有効に生かされ大きな喜びとなるし、ひいては会社や世の中にも貢献することができると思うのである。

30日 声をかけるサービス

商売をしている限り、いつの時代でもサービスは大事ですが、中でも特に故障や不満のないときのサービスということが大事です。だんだん暑くなってきて、扇風機がそろそろ要るようになる。そんなとき、ちょっと立ち寄って「去年の扇風機の調子はどうですか」と声をかける。また「お納めした品物の具合はどうでしょう」と聞いてみる。いわば〝声のサービス〟です。これは全くの奉仕で、それですぐどうこうというものではないでしょうが、ご需要家にしてみたらどんなに嬉しく、また頼りに思われることでしょう。そういうところに、商売をする者の真の喜びを感じ、尊さというものを自覚しなければならないと思うのです。

31日 自分自身への説得

説得というものは、他人に対するものばかりとは限らない。自分自身に対して説得することが必要な場合もある。自分の心を励まし、勇気をふるい起こさねばならない場合もあろうし、また自分の心を抑えて、辛抱しなければならない場合もあろう。そうした際には、自分自身への説得が必要になってくるわけである。

私がこれまで自分自身への説得をいろいろしてきた中で、いまでも大切ではないかと思うことの一つは、自分は運が強いと自分に言い聞かせることである。ほんとうは強いか弱いかわからない。しかし、自分自身を説得して、強いと信じさせるのである。そういうことが、私は非常に大事ではないかと思う。

8　月

1日 身をもって範を示す

指導者というものは、いろいろな形でみずから信じるところ、思うところを人びとにたえず訴えねばならない。と同時に大切なのは、そのことを自分自身が身をもって実践し、範を示すように努めていくことであろう。〝百日の説法屁一つ〟ということわざもあるように、どんなにいいことを説いても、そのなすところがそれに反していたのでは、十分な説得力は持ち得ない。

もちろん、力及ばずして百パーセント実行はできないということもあろう。というよりそれが人間としての常かもしれない。しかし、身をもって範を示すという気概のない指導者には、人びとは決して心からは従わないものである。

2日 人間は初めから人間である

人間はその歴史において、さまざまな知識を養い、道具をつくり出して生活を向上させてきました。しかし私は、人間の本質そのものは初めから変わっていないと思います。人間はもともと人間であって、人間そのものとして向上してきたと思うのです。私は人間が猿から進化したというような考え方に対しては、疑問を持っています。猿はやはり最初から猿であり、虎は最初から虎であり、人間は最初から人間であると思うのです。

人間は初めから人間としての素質、性質を与えられ、みずからの努力によって知識を深め、道具をこしらえて、みずからの生活を高めてきた、それが人間の歴史だと思うのです。

3日 強固な精神力を

その昔、日蓮上人は、ただ一人の聴衆の姿も見えないというときでも巷に立って、わが信念を説いたといいます。何をほざくかと馬糞を投げられ、石を投げられ、さんざんな侮辱を被っても、彼はビクともせず、日本の安泰のために、民衆の幸福のために、わが信念を傾けました。日蓮上人のそういう態度と比べてみると、同じ人間でありながら、われわれとはたいへんな相違があるなという感じがします。

いま、われわれに必要なのは、日蓮上人のあの強固な精神力です。日蓮上人とまではいかなくとも、せめて自分の仕事に一つの使命を感じ、これに情熱を傾けて精進する積極的な自主独立の精神を養いたいものです。

4日 もっと厳しく

昔の武士は朝早くから道場に出て血のにじむような稽古《けいこ》にはげんだという。そして師範や先輩たちの木刀を身にあびながら、何くそと立ち向ううちにおのずと腕も上達していった。また商人であれば、丁稚《でっち》奉公からつとめはじめ、主人や番頭に横っ面の一つも張られながら、おじぎの仕方からものの言い方まで一つ一つ教えられつつ、商人としてのものの見方、考え方を養っていったわけである。

もちろんそのような修業の過程には、好ましくない面もあったであろう。しかし、少なくともそうした厳しい修業が人を鍛え、その真価を発揮させる上に役立ったと思う。それは今日にも通用することであろう。

8月

5日 政府を助ける心がまえ

政府は、国民の人気を得なければならないから、なかなか国民に対してイヤなことは言いにくい。だから、だれに対しても、助けましょう、助けましょうと言いがちである。

けれども、われわれは政府に頼りすぎてはならない。他を頼まずしてみずからの力で、自分でできる範囲のことを着実にやっていく。そういう気持ちなり態度というものが最も大切であると思う。

そして、政府に救済してもらうというよりも、むしろわれわれ国民の方から政府を助け、社会の進展に寄与していく。そういう心がまえをお互いに持つことが肝要ではないかと思うのである。

6日 自分をほめる心境

私はいま、二十代の夏の日のことをなつかしく思い出します。日のあるうちいっぱい仕事をし、晩にはタライに湯を入れて行水をするのです。仕事を終えたあとの行水は非常にさわやかで、〝自分ながらきょう一日よく働いたなあ〟という満足感を味わったものです。

〝自分ながらきょうはよくやった〟といって自分をほめる、自分をいたわるという心境、そういうところに、私は何だか生きがいというものを感じていたように思うのです。

お互い毎日の仕事の中で、自分で自分をほめてあげたいという心境になる日を、一日でも多く持ちたい、そういう日を積み重ねたいものだと思います。

7日 利益が先か地盤が先か

先般ある関係会社へ行って、課長以上の人に集まってもらったときに「利益をあげることが先ですか、それとも地盤づくりが先ですか」という質問が出ました。それに対して私は「わが社は五人のときには五人の、十人になれば十人の、さらに千人になれば千人の企業にふさわしい利益をあげてきた。そうしたことの連続が今日の成功になった。もし五人だから、十人だからまだよいだろうと思っていたならば今日の姿はない。だからこの会社も利益をあげつつ地盤をつくっていく以外にないと思う」と答えたのです。私は世の中すべての経営というものは、そういうところにポイントがあるのではないかと思うのです。

8日 素直にありがたさを認める

今日、みなさんがこの会社に入社することができたのは、一つにはみなさんの努力によるものでしょう。しかし決して自分一人の力でこうなったとうぬぼれてはなりません。会社にしましても、世間からごひいきをいただいているからこそ、今日こうして成り立っているのです。

ですから、個人にしても会社にしても、あるいは国の場合でも、やはり謙虚にものを考え、その物事の成り立っている背景なり人びとの恩恵というものを、正しく認識しなければなりません。そして、協力してくださる相手に対しては素直に喜びと感謝の念を表わし、自分たちもこれに相応した働きをしていくことが大切だと思います。

9日 相談調が大事

たとえば、ある一つの仕事をしてもらう場合、単に命令すればそれで事がはこぶ、と考えてはいけない。指示し、命令するだけだと、とかく〝命、これに従う〟ということになって、ほんとうにいい知恵、力強い姿は生まれてきにくい。

だから、「あんたの意見はどうか、ぼくはこう思うんだがどうか」というように、できるだけ相談的に部下に持ちかけることが大事だと思う。そうして部下の考え方なり提案をとり入れつつ仕事を進めていくようにするわけである。そうすると自分の提案が加わっているから、その人は仕事をわが事として熱心に取り組むようになる。人を活かして使う一つのコツは、そういうところにもあると思う。

10日 欲望は生命力の発現

〝欲の深い人〟というと、ふつうはよくない人の代名詞として使われているようだ。いわゆる欲に目がくらんで人を殺したり金を盗んだりする事件があまりにも多いためであろう。

しかし、人間の欲望というものは、決して悪の根源ではなく、人間の生命力の現われであると思う。たとえて言えば船を動かす蒸気力のようなものであろう。だからこれを悪としてその絶滅をはかろうとすると、船を止めてしまうのと同じく、人間の生命をも断ってしまわねばならぬことになる。つまり欲望それ自体は善でも悪でもなく、生そのものであり、力だと言ってよい。だからその欲望をいかに善に用いるかということこそ大事だと思う。

11日 小便が赤くなるまで

「商売は非常にむずかしく厳しい。いわば真剣勝負だ。商売のことをあれこれ思いめぐらして眠れない夜を幾晩も明かす。それほど心労を重ねなければならない。心労のあまりとうとう小便に血が混じって赤くなる。そこまで苦しんではじめてどうすべきかという道が開けてくる。だから一人前の商人になるまでには二度や三度は小便が赤くなる経験をするものだ」

これは私が小僧時代に店のご主人に聞かされた話ですが、今にして思えばこれは決して商人だけにあてはまることではないと思います。何をするにしても、これだけの苦しみを経ずして成功しようとするのは、やはり虫がよすぎるのではないでしょうか。

12日 笑顔の景品を

最近は、競争がなかなか激しいこともあって、個々のお店なり商店街が、それぞれいろいろと工夫を凝らし、販売を進めています。いわゆる景品つき販売というものもその一つで、少しでも多くのお客さんの関心をひくものをということで、いろいろ知恵をしぼっています。

しかし、お客さんにおつけする景品のうちで、何にもまして重要なものは何かということになったら、私はそれは親切な〝笑顔〟ではないかと思います。〝自分のところは親切な笑顔のサービスに徹しよう〟というように、いわば〝徳をもって報いる〟方策で臨んでこそ、お客さんに心から喜んでいただけるのではないでしょうか。

13日 投資をしているか

書物によると、太閤秀吉という人は馬の世話をする係になったとき、主人である織田信長が乗る馬を立派にするために自分のわずかな給料をさいて、にんじんを買って食べさせてやったということです。これは一つの誠意ある投資だと思うのです。

そこで、みなさんは投資をしているかということです。そのように、いったんもらった給料を会社へまた献金する必要はありませんが、しかし自分の知恵で投資するか、あるいは時間で投資するか、なんらかの形で投資するという面が自分の成長のためにも必要だと私は思うのです。またそれくらいのことを考えてこそ、一人前の社員と言えるのではないでしょうか。

14日 電話で仕事をする

世間には、それこそ工場のすみずみまで自分でまわって陣頭指揮をしなければ気のすまない経営者も少なくありません。しかし工場まで出向くとなれば時間がかかります。また、せっかく来たのだから、立ち話ですますわけにもいかないということで、自分の時間も工場の責任者の時間も必要以上に費やすことにもなりがちです。その点、電話を活用すれば、だいたい十分もあれば事が足りるわけで、往復の時間もいらないし、責任者の人の時間もとらずにすみます。

もちろん、自分の目で直接見ることによって、より大きな成果を得られる場合もあるでしょうが、電話で十分事足りるということも案外多いのではないでしょうか。

15日 平和の価値を見直す

最近、平和というものが、何かいわば空気や水のように、ごく当然に存在するものといった感じが強くなってきたのではないだろうか。平和の貴重さ、ありがたさがだんだん忘れられつつあるように感じられる。

これは危険なことだと思う。平和は天然現象ではない。人為というか、人間の自覚と努力によってはじめて実現され、維持されるのである。

だから、この際お互いにもう一度平和の価値というものを見直してみたい。そしてその価値を知った上で、国民として何をなすべきかを考え合いたい。さもないと、せっかく続いたこの貴重な平和を遠からずして失うことにもなってしまうのではないだろうか。

16日 道徳は実利に結びつく

社会全体の道徳意識が高まれば、まずお互いの精神生活が豊かになり、少なくとも人に迷惑をかけないようになります。それがさらに進んで互いの立場を尊重し合うようになれば、人間関係もよくなり、日常活動が非常にスムーズにいくようになるでしょう。また自分の仕事に対しても誠心誠意これに当たるという態度が養われれば、仕事も能率的になり、自然により多くのものが生み出されるようになる。つまり社会生活に物心両面の実利実益が生まれてくると言えるのではないでしょうか。そう考えるならば、私たちが道徳に従ってすべての活動を行なうということは、社会人としての大切な義務だということにもなると思います。

17日 街の品位を高める

自分の店舗は、自分の商売のためのものであると同時に、街の一部をなすものです。これは、その店舗のあり方が、街の美醜にも大きな影響を与えるということに他なりません。

一つの街に好ましい店舗ばかり並んでいれば、その街は生き生きと活気に満ちたきれいな街になります。街全体に好ましい環境が生まれます。だから、そうした街を美化するというか、街の品位を高めるという一段高い見地からも、自分の店舗をきれいにしていくことが大事だと思います。

それは「社会の役に立つ」という商売の真の使命に基づく一つの尊い義務とも言えましょう。またそれは同時に商売の繁栄にも結びつくものだと思うのです。

18日 人材を引きぬけば……

職場で、この人はなくてはならない非常に重要な人であり、余人にはかえがたいと思っていた人が、ある事情でその仕事を離れました。そこで当然、戦力のダウンが生ずるであろうと考えていたら、不思議なことにその部なり課の成績が上がったということがあります。

これは、あとを受け継いだ人が大いに力を伸ばし、かえってよい結果を生んでいるということに他なりません。ですから私は、すぐれた人材を他の部門に起用する必要があるというような場合、躊躇せずこれをやるべきだと思うのです。あえてそれを行なうことが、往々にして人材の育成に結びつく場合が少なくないということを体験してきたのです。

19日 自由と秩序と繁栄と

自由という姿は、人間の本性に適った好もしい姿で、自由の程度が高ければ高いほど、生活の向上が生み出されると言えましょう。しかし、自由の反面には、必ず秩序がなければならない。秩序のない自由は、単なる放恣《ほうし》にすぎず、社会生活の真の向上は望めないでしょう。

民主主義のもとにあっては、この自由と秩序が必ず求められ、しかも両者が日を追って高まっていくところに、進歩発展というものがあるのだと思います。そして、この自由と秩序という一見相反するような姿は、実は各人の自主性において統一されるもので、自主的な態度こそが、自由を放恣から守り、無秩序を秩序にかえる根本的な力になるのだと思います。

20日 心を通わす

一人ひとりの努力が、部下の人にもまた上長の人にも知られるということは、何にもまして心嬉しいことだと思います。一つの成果をお互いに味わって、ともに喜び合うことができるということは、私は尊い姿だと思うのです。

一つの会社の中でも、北海道にいる人の苦労が九州にいる人に伝わる。九州にいる人の苦労が北海道の人に伝わり、打てば響くような形において、全員が結ばれていくというように、お互いに心と心を通わしているような状態になっていなければならない。そうなれば願いどおりの好ましい成果があがり、社会のためにも大衆のためにもなる働きができるであろうと思うのです。

21日 カンを養う

カンというと、一見非科学的なもののように思われる。しかしカンが働くことはきわめて大事だと思う。指導者は直観的に価値判断のできるカンを養わなくてはいけない。

それでは、そうしたカンはどうしたら持つことができるのか。これはやはり経験を重ね、修練をつむ過程で養われていくものだと思う。昔の剣術の名人は相手の動きをカンで察知し、切っ先三寸で身をかわしたというが、それは、それこそ血のにじむような修行を続けた結果であろう。

そのように指導者としても、経験を積む中で厳しい自己鍛練によって、真実を直観的に見抜く正しいカンというものを養っていかなくてはならない。

22日 国民を叱る

私は総理大臣というものは、新しく就任したならまず国民を叱らなければならないと思います。今は国民を叱る人が誰もいません。国民に対してご機嫌をとることはしても、国民を叱ることはありません。だから国民は甘え、他を頼るようになる。それが経済の上にも、政治の上にも行き詰まりが出てきた一つの大きな原因だと思います。

かつて、ケネディ大統領が言ったように、日本の総理大臣も、「私は総理大臣になりましたが、みなさんは私に求めてはいけません。国に対して求めるよりも、国のために何をなすべきかをお考えいただきたい。そうしないと日本はよくなりません」こういうことを言うべきだと思うのです。

23日 強い要望があってこそ

販売に当たる者も、生産にたずさわる者も、製品の良化を強く要望しなければならない。

あらゆる製品について、それをお買い求めくださるお客さまの立場に立ち、お客さまの番頭になる気持ちで、性能、品質をためし、再吟味してみる。工場側においてそうであると同時に、これを販売する営業部門においても、同様の気持ちで厳格に調査して、もし一点でも不満足なところがあれば、工場に返品して再検討を求めるということでなければならない。

こうして、すべて良品にしなければならないという要望が強まれば強まるほど、工場における良品生産も促進されることになり、さらに信念に満ちた製品が提供されることになるのである。

24日 我執

一人ひとりの人が、それぞれに自分の考え、自分の主張を持つということは、民主主義のもとではきわめて大事なことである。が、同時に相手の言い分もよく聞いて、是を是とし、非を非としながら、話し合いのうちに他と調和して事を進めていくということも、民主主義を成り立たせる不可欠の要件であると思う。もしもこの調和の精神が失われ、それぞれの人が自分の主張のみにとらわれたら、そこには個人的我執だけが残って争いが起こり、平和を乱すことになる。

今日のわが国の現状、世界の情勢をみるとき、いま少し、話し合いと調和の精神が欲しいと思うのだが、いかがなものであろう。

25日 なすべきことをなす

治にいて乱を忘れずということがある。太平のときでも、乱に備えて物心ともの準備を怠ってはならないということで、指導者としてきわめて大切な心がまえである。

とはいえ、人間というものは、とかく周囲の情勢に流されやすい。治にあれば治におぼれ、乱に遭えば乱に巻き込まれて自分を見失ってしまいがちである。そういうことなしに、常に信念を持って主体的に生きるためには、やはり心静かに、われ何をなすべきかを考え、そのなすべきことをひたすらなしていくことが大切である。

指導者の要諦とは、見方によっては、この〝なすべきことをなす〟ということに尽きるとも言えよう。

26日 矢面に立つ精神

人間が大事に際して、その難局の「矢面に立つ」ということは、人生としてはおそろしいことであり、大変に勇気のいることである。スリルがあるとか、あるいはこれはおもしろいな、という人も、今日の青年の中にはいるかもしれないが、ほんとうに腹を割ったところ、あまり愉快ではないと思う。しかし、こういう場合に敢然として、その矢面に立つことも男子の本懐と喜んで事に当たることも大切である。

そしてそういう人こそ、大事において、うろたえず、ものを決断することのできる人であり、人多くして人なき社会において、ほんとうの人物として立っていくことのできる人であるという思いがする。

27日 職責の自覚

お互いに欠点というものはたくさんあり、何もかも満点というわけにはいかない。だから、自分の足りないところは他の人に補ってもらわなければならないが、そのためには自分自身が自分の職責を強く自覚し、その職責に対して懸命に打ち込むという姿勢が大切である。

仕事に熱心であれば、おのずから職責の自覚が高まるし、職責の自覚があれば、人はまた常に熱心である。そうした自覚、そうした熱意は多くの人の感応を呼び、協力も得られやすくなる。

そういうことから、みずからの職責を自覚し、全身全霊を打ち込むという心がけだけは、お互いにおろそかにしたくないと思うのである。

28日 力を合わせて

不況の風が吹き、不景気の波が押し寄せるという情況に世間があるときには、それぞれの会社も何らかの形で、その影響を受けないわけにはいきません。

ただそんなときに一番大切なことは、全員の冷静な判断と力強い協力だと思います。船長が沈着に針路を過たず、船員が冷静に協力を惜しまなければ、その船はどんな嵐にあっても着々と進んでいくでしょう。それを、それぞれが慌てて勝手な判断をし、勝手な振舞をしたならば、それがたとえ善意から出たものであっても、船の前進は望めません。

不況、困難なときこそ、〝和親一致の精神〟が一番に求められるのです。

29日 会社の実力を知る

私は今まで銀行にお金を借りに行って、断わられたことはありません。これは決して誇張でも自慢でもありませんが、計画を立て、「これだけお金が要りますから貸してください」と申し出て、「これは松下さんいけません」と言われたことがないのです。

それはやはり、自分の会社の力というか、そういうものを正しく認識して、その範囲の中で銀行にお願いしていたからでしょう。ですから銀行の方もこれなら大丈夫だと信用して応じてくれたのだと思います。

大事なことはみずからの会社の実力を正当に認識し、それに応じて事をなしていくことだと思うのです。

30日 日ごろの訓練

お互いが仲良く生活し、また仕事を円滑に進めてゆくためには、人の応対一つにしても、充分に注意しなければならない。そして単に礼儀が正しいとか、言葉づかいに気をつけるということだけでなく、いわば心のこもった応対ぶりを見せることが大切ではないかと思う。

もちろんこれは口で言うほど簡単なものではない。日ごろからそういう訓練がなされていなければ、たとえ頭でわかっていても、実際に容易にできることではない。

いつの場合にも自然に行動に表われてくるというためには、やはり事あるたびにしつけ、習慣づけておかなければなかなか養われるものではないと思うのである。

辛抱が感謝になる

われわれが一生懸命に仕事をしても、世間がそれを認めてくれなかったら、非常に悲しい。そんなとき、その悲しさが不平となり出てくるのも、一面ムリのないことだと思う。しかし〝認めてくれないのは世間の人が悪い〟という解釈もできるが、〝まあちょっと辛抱しよう。今は認めてくれなくても、いつかは認めてくれるだろう〟と、じっと堪え忍び、いい仕事を続けていくというのも一つの方法である。そして認めてもらったら、これは非常に嬉しい。その嬉しさが感謝になる。〝より多くわれわれを認めてくれた社会に対して働かなくてはいけない〟という感謝の心になってくる。そういう心がなければいけないと思う。

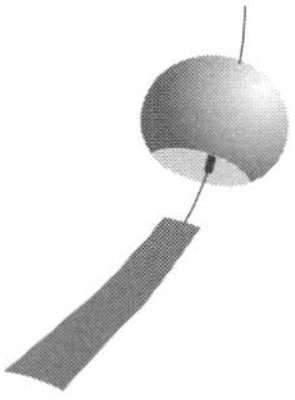

9　月

1日 苦難もまたよし

わが国では、毎年、台風や集中豪雨で大きな水害を受けるところが少なくない。しかし、これまでの例からみると、大雨が降って川があふれ、町が流れてもうダメかといえば、必ずしもそうではない。数年もたてば被害を受けなかった町よりも、かえってきれいになり、繁栄していることがしばしばある。

もちろん、災難や苦難はないに越したことはないが、思わぬときに思わぬことが起こってくる。だから苦難がくればそれもよし、順調ならばさらによし、という心づもりを常に持ち、安易に流れず凡に堕さず、人一倍の知恵をしぼり、人一倍の働きを積み重ねてゆくことが大切だと思う。

2日 経営のコツをつかむ

多くの会社の中には、非常にうまくいっているところもあれば、反対に行き詰まるようなところもある。うまくいっているところは従業員がみな優秀で、行き詰まるところはその反対かといえば決してそうではない。

結局、そこに経営があるかないか、言いかえれば経営者が経営のコツをつかんでいるかどうかによって、そうした違いが生じてくるのだろう。その証拠に、経営者一人が代わることで、倒産寸前の会社が隆々と発展した例はいくらでもある。

経営のない会社は、いわば頭のない人間のようなものである。経営者が経営のコツをつかんでいる会社は、力強く繁栄発展していくと思うのである。

3日 お得意さんを広げるには

自分の店のお得意さんが、他の人に「自分はいつもあの店で買うのだが非常に親切だ。サービスも行き届いているので感心している」と話されたとしたら、その人も「君がそう言うのなら間違いないだろう。私もその店に行ってみよう」ということになりましょう。その結果、お店としては、みずから求めずして、お得意さんを一人増やす道が開けるということになるわけです。

そうしたことを考えてみますと、日ごろ商売をしていく上で、お得意さんを増やす努力を重ねることはもちろん大切ですが、現在のお得意さんを大事に守っていくことも、それに劣らず大切なことではないかと思うのです。

4日 サラリーマンは独立経営者

サラリーマンの中には、自分は所詮雇われて働いているのだから、自分の仕事に打ち込み、生きがいを感ずるというまでにはなかなかなれないという人があるかもしれない。そういう場合、私は次のように考えたらどうかと思う。

それは、一つの会社の社員であっても、自分でその職業を選んだからには、〝自分は社員稼業という一つの独立経営者である〟という信念を持って仕事をするということである。言いかえれば、独立経営者が十人あるいは百人、千人と集まって、一つの会社をつくり事業をしているのだ、と考えるのである。そうすることによって仕事に張り合いも生まれ、面白味も加わってくるのではないだろうか。

9月

5日 やさしい心

あの人はどことなく豊かな、感じのいい人であるという場合、それはその人の心が、その人の動作ににじみでているからだと思います。これは非常に大事なことだと思います。

ことに私は、女性の尊さというものは、やはり親切な心の表われているところにこそ、ほんとうの尊さというものがあるのではないか、という感じがします。

ただ強いばかりではいけません。賢いばかりでもいけません。賢い、強いということももちろん大切ですが、それ以上に大事なことは、心のやさしさなのです。これはすべてのものを溶かすとでもいうほどの力があるのではないでしょうか。その力を失ってはならないと思うのです。

6日 自然を生かす

自然はそれ自体のために存在しているという見方がある。しかし、もっと大きな観点に立って考えてみると、自然は人間の共同生活に役立つために存在しているのだと考えることもできるのではなかろうか。そう考えてみれば、自然を人間の共同生活の上に正しく活用していくことは、人間にとって当然なすべきことだとも言える。

むろん、単に意欲をたくましくして自然を破壊することはあってはならない。自然を十破壊して、そこから八の価値しか生み出さないというのではいけないが、十二の価値を生むならば、むしろ積極的に自然を活用していったらいいと思うのである。

7日 徳性を養う

人間が人間を動かすことは、なかなか容易ではない。力で、あるいは理論で動かすことも、できないことではない。しかしそれでは何をやっても大きな成功は収められまい。

やはり何といっても大事なのは、徳をもっていわゆる心服させるということだと思う。指導者に人から慕われるような徳があってはじめて、指導者の持つ権力その他もろもろの力も生きてくる。

だから、指導者はつとめてみずからの徳性を高めなくてはならない。力を行使しつつも、反対する者、敵対する者をみずからに同化せしめるような徳性を養うため、常に相手の心情をくみとり、自分の心をみがき高めることを怠ってはならないと思う。

8日 不景気に強い経営

好況時には、少々の不勉強であっても、サービスが不十分であっても、まあどこでも注文してくれます。だから経営の良否というのはそう吟味されなくてすみます。

ところが不景気になってくると、買う方は、十分に吟味して買う余裕がでてきます。そこで、商品が吟味され、経営が吟味され、経営者が吟味されて、そして事が決せられることになるわけです。ですから、非常にいい経営の下に、いい人が育っている会社や店は、好景気にはもちろん結構ですが、不景気にはさらに伸びるということになる。そのことを事業にたずさわる者としては、日ごろ常に心にとめておかなければならないと思います。

9日 師は無数に存在する

手近に親切な指導者、先輩がいて、自分を導いてくれる、そういう人が会社にいる人は幸せだと思います。しかし見方によれば、指導者のいないところにこそ、みずからの発展というものが考えられる、ということも言えるのではないかと思います。

蓄音機や白熱灯などを発明開発したあの偉大なエジソンには指導者がいなかったそうです。それでみずからあらゆる事物に関心を持ち、そこに指導者を見出しました。汽車に乗れば、石炭を焚く音や車輪の音に指導者を見出したわけです。みずから開拓する気持ちになれば、行く道は無限に開かれている、師は無数に存在していると思うのです。

10日 不健康また結構

私は不健康が、必ずその人を不幸にするとは思いません。世の中には不健康で幸福になる場合もありますし、また逆に健康なためにかえっていきすぎて、不幸になる場合もあるのです。肝心なことは「不健康また結構なり」という気分になることです。不健康は不幸なことだ、悲しいことだと考えて、心を乱してはいけないと思うのです。

小さい頃から病弱だった私がそういう心境になれたのは、今日考えると、やはり前途に強い希望を持っていたためだと思います。不健康のために希望を失うということでは、失敗の上に失敗を重ね、不幸の上にまた不幸を重ねることになってしまうのではないでしょうか。

11日 個人主義と利己主義

今日、個人主義と利己主義が混同されているきらいがあります。本来の個人主義というのは、個人は非常に尊いものであるという考え方だと思います。が、一人の個人が尊いということは、同時に他の個人も尊いということになります。ですから個人主義はいわば他人主義にも通じるわけです。

それに対して利己主義というものは、自分の利益をまず主として考え、他人の利益をあまり重んじない姿です。

今日ともすれば、個人主義が誤り伝えられて、利己主義に変貌してしまっている姿がありますが、この画然とした違いをお互いに常日ごろから知っておく必要があると思うのです。

12日 予算にとらわれない

一国の運営をお金の面からみますと、いわゆる予算というものを組んで、それに基づいてさまざまな施策を行なっています。お互いの商売でも、同じように予算というものによって、これを進めていく場合が少なくないと思います。

しかし、商売というものは、実際予算どおりに動くものではない。したがって、予算がないということで必要なことの実施を延ばしたりするのでは、お客様はどんどん他へ流れていってしまうと思います。予算によって商売をしていくことはもちろん大切ですが、それはあくまで内輪の心づもりであって、外部に対して必要なことは借金してでもやる、そういう商売をしなくてはならないと思うのです。

9月

13日 商売と誠意

誠意にあふれ、真剣な思いに満ちた行動は必ず人びとの心をとらえずにはおきません。

誠意を持って熱心に仕事に取り組んでいる人は、常に「こうしてはどうだろうか」とか、「この次にはこんな方法でお客さんに話してみよう」というように工夫をこらし、いろいろ効果的な方法を考えます。また同じことを説明するにしても、その話し方に自然と熱がこもり、気迫があふれます。そうするとお客さんの方でもその熱心さに打たれ、「どうせ買うならこの人から」ということになってくるわけです。

そういう日々の仕事の態度というものが、やがては大きな差となって表われてくるのではないでしょうか。

14日 いつくしむ

昔、仁徳天皇は、国中に炊事のけむりの乏しいのを見て人民の困窮を知り、三年間課役を中止し、三年後国中にけむりが満ちてはじめて、「民富めり」と再び租税を課された。その間は皇居も荒れ、雨がもるほどであっても修理されなかったという。これは伝説かもしれないが、しかし大事なことは、そのように人民をいつくしむ仁慈の心を持つことが、昔からの指導者のあるべき姿とされてきたことである。そこに日本の一つのよき伝統があり、そういうところから封建時代でさえ数々の名君が生まれたのであろう。そのことが栄えるもとだったのである。民主主義の今日でも、指導者はまず人びとの幸せを願う仁慈の心を持たねばならないと思う。

15日 精神的大家族

核家族の風潮というのは、いい悪いは別にして、天下の大勢です。大きな流れです。けれどもそれは形の上でそうなのであって、精神の上では核家族になってはいけないと思います。

あたかも大家族のごとく、年老いた老人には、家族の人たちが絶えず心を通わせるようにしなければなりません。たとえば、三日に一ぺんは電話で声をかけてあげるとか、そういうつながりがなければいけないと思います。

世の中が進歩したら、それぞれ活動する場所が増えますから、どうしても離れ離れになって、大家族という形はとれません。だから一方でそれを集約する精神的なつながりが一層必要だと思うのです。

16日 一人の責任

会社が発展するのも失敗するのも、結局はすべて社長一人の責任ではなかろうか。というのは、もし社長が「東へ行け」と言えば、「いや私は西へ行きます」と言って反対の方向に行く社員はまずいないからである。ほとんどの社員は、社長が「東へ行こう」と言えば、みな東へ行く。

だから、「東へ行け」と言って、もし間違ったとしたら、それは社長一人の責任に他ならないわけである。同じように、一つの部、一つの課が発展するかしないかは、すべて部長一人、課長一人の責任である。

私は、いままでいかなる場合でも、そう考えて、自問自答しながら事をすすめるよう努めてきた。

9月

17日 愚痴の言える部下を持つ

憤慨したときに憤慨できる相手があったら一番楽ですな。つまり早く言えば最高首脳者として、愚痴を言える部下が必要だということです。それが副社長でも専務でも、あるいは秘書でもいい、そういう人があれば幸せですな。

どんなにえらい人でも愚痴のはけ場がなかったら鬱積《うっせき》しますわ。そうするとあやまちをします。太閤秀吉でも、石田三成をかわいがったといいますけど、あれはやっぱり愚痴を石田三成に持っていったんだと思います。そうすると三成はそれを適当にうけて、うまい具合に機嫌をとったんですわ。そうすると太閤さんは頭がすっとして、またいい知恵を出したということでしょう。

18日 豊かさに見合った厳しさ

暮らしが豊かになればなるほど、一方で厳しい鍛練が必要になってくる。つまり、貧しい家庭なら、生活そのものによって鍛えられるから親に厳しさがなくても、いたわりだけで十分子どもは育つ。けれども豊かになった段階においては、精神的に非常に厳しいものを与えなければいけない。その豊かさにふさわしい厳しさがなければ、人間はそれだけ心身ともになまってくるわけである。

しかるに、いまの家庭にはそういう厳しさが足りない。政治の上にも、教育の上にも足りない。それが中学や高校の生徒がいろいろと不祥事を起こしている一つの大きな原因になっているのではないだろうか。

19日 仕事を味わう

私はどんな仕事であれ、ほんとうにそれが自分に適したものかどうかを見きわめるのは、それほど容易なことではない、仕事というものは、もっともっと深いというか、味わいのあるものだと思います。最初はつまらないと思えた仕事でも、何年間かこれに取り組んでいるうちにだんだんと興味が湧いてくる。そしていままで知らなかった自分の適性というものが開発されてくる。そういうことも仕事を進めてゆく過程で起こってくるものです。つまり、仕事というものはやればやるほど味の出てくるもので、辛抱をして取り組んでいるうちに、だんだんと仕事の味、喜びといったものを見出していくことができるのだと思います。

20日 立ち話の会議

社長が実際の仕事についてあまり知らず、会議で「どうだ君、やれると思うのだがどうだ」というようなことを言っていると、甲論乙駁《こうろんおつばく》、議論百出となって、三日ぐらいもかかることになりかねません。それはいささか極端ですが、会議というものは概してそのような傾向が強いのではないでしょうか。それでは何かにつけてテンポの速い今日の世の中では、結論が出たときにはもう状況が変わっているということにもなりかねません。

ですから会議だからといって、会議室に集まり椅子に座ってするというのではなく、言うなれば立ち話で会議をして即決するくらいの心構えが必要だと思います。

21日 中小企業は社会の基盤

私は中小企業というものは、日本経済の基盤であり、根幹であると思う。それが健在であってこそ、大企業も持ち味を生かすことができるし、経済全体の繁栄も可能になる。とともに、中小企業は単に経済においてだけでなく、いわば社会生活の基盤にもなるべきものだと思う。つまり、いろいろな適性を持った人が、それぞれに色とりどりの花を咲かす、そういった社会の姿がより望ましいのであり、そこに人間生活の喜びというものもあるのではないだろうか。

その意味において、たくさんの中小企業が、それぞれにところを得て、さかんな活動をしているというような社会の姿が一番理想的なのではないかと思う。

22日 平和のための前提条件

平和が大切だということは、何千年も前から繰り返し唱えられているにもかかわらず、その一方では戦争をしている。はなはだしきは、平和のための闘争とか戦争といったことが口にされ、行なわれているというのが、過去、現在における人間の姿だと言えましょう。

それでは、そのような状態を脱却し、平和を実現する前提として、何が必要かというと、人間としての意識革命ではないかと思います。つまり、真の平和というものをはっきり見きわめ、心からそれを切望するというような一人ひとりの意識革命が、一国の政治の上にも教育の上にも醸成されていくならば、求めずして平和は生まれてくると思います。

23日 永遠に消えないもの

高野山にはたくさんの墓があります。その中で一段と目立つ立派な墓は、おおむね大名の墓だそうですが、その大名の墓も、今日では無縁仏になっているものもあるということです。昔は相当の一家眷族《けんぞく》を養い、しかも明治になってさらに華族として財産も保護されるという状態が長く続いたにもかかわらず、そういう変化があったということを考えてみますと、人間のはかなさというものを身にしみて感じます。

やはり世の中というものは形ではない。いくら地位があり財産があっても、それはいつまでも続くものではない。結局、永遠に消えないものはその人の心であり、思想であり、この世で果たした業績である、そう思うのです。

24日 人に尋ねる

自分の才能に向くような仕事を自分で考えて進んでいくことが非常に大事だと思う。ところが、自分の才能というものは、自分ではなかなかわからない。

そのときには自分の信頼する人の言葉を聞くとよい。しかし素直な気持ちで聞かないと、先輩の正しい言葉が正しく自分の耳に入らない。

私も、自分でわからないことは、素直な心持ちになって先輩に尋ねることにしている。そして静かに考えていけば、必ず行く道は自然に決まってきて、希望が持てると思う。しかし、野心とか欲望とかいうものを強く持つと、そこに無理が生じ、迷いが起こってくるような気がするのである。

25日 信賞必罰

〝信賞必罰〟すなわち罰すべき罪過ある者は必ず罰し、賞すべき功ある者は必ず賞せよということ、これは人間が存在するかぎり、程度の差はあっても絶対に必要なことであろう。これが行なわれない国家社会は、次第に人心が倦《う》み、やがては必ず崩壊してしまうだろう。国家だけではない。会社、集団、家庭どこにおいても、これは決してないがしろにされてはいけないことだと思う。

ただ、ここで大事なことは、信賞必罰といっても、常に適時適切でなければならないということである。これは微妙にして非常にむずかしいことで、これが当を得なかったならば、かえって事を誤ってしまうことになる。

26日 真剣に取り組む

大相撲は相変わらずの人気である。私はその勝負が一瞬の間に決まるというところが好きである。力士の人たちは、その一瞬の勝負のために、毎日朝早くから夜おそくまで文字通り血のにじむような鍛練をし、稽古にはげんでいる。そしてその成果を土俵の上で一瞬の間に出し尽そうというわけだ。

われわれも、いま自分の担当している仕事を本業として、これに打ち込んでいるだろうか。大相撲の人気というものの裏には、日夜稽古にはげむ力士の姿があることを思って、われわれもまた、自分の人生、自分の本業というものに対して日々真剣に取り組んでゆきたいものである。

27日 二代目は熱意で勝負

先代が築いた基盤を受け継ぎ、若い二代目の人が社長に就任する場合、それなりのむずかしさが当然あると思います。

そこで、一つの行き方としては、まず、会社の古くからいる先輩の人に「私はこう思っているのだがどうでしょう」と、うるさいほど熱心に相談を持ちかけていくことだと思います。そうしていけば、その熱心さが必ず相手に伝わり、信頼感を生むと思います。また、そういう熱意にあふれた姿に対しては、社員が頼もしさを感じて自然と助けてくれるようになります。

ですから、そのような腹の底からの熱意を持ちうるかどうか、それが二代目社長としての勝負の一つの分かれ目である、という気がします。

28日 組織や地位にとらわれない

今日、各業界、各企業の間における競争というものは、非常に激烈なものがある。この激しい競争において、瞬間を争う大事な事柄を報告するいわば非常の場合に、何としてもまず直接の上司に言わねばならないんだとか、やはり組織を通じて処理しなければ叱られるんだとか言っていたのでは、競争に負けてしまうようなこともあろう。事の順序としては、もちろん直接の上司の人にまず言うべきではあるけれども、どうしても急を要する場合は、組織や地位にとらわれず、即刻処理してゆくことが大切だと思う。

何か事あるときには、全員が打てば響くような素早さで活動しなければいけない。

29日 商品はわが娘

私どもが日々扱っている商品は、言うなれば永く手塩にかけたわが娘のようなものだと思います。ですから商品をお買いあげいただくことは、自分の娘を嫁にやることであり、お得意先はかわいい娘の嫁ぎ先だとも言えましょう。

そう考えると、その商品が十分お役に立っているかどうか心配になって、ちょっと様子を見てみようという気が起きてくるのではないでしょうか。そういう思いで日々仕事に取り組んでいるならば、お得意先との間に単なる商売を超えた、より深い信頼関係、力強い結びつきが生まれてくると思います。お互い商品を自分の娘というほどに考えているかどうか、改めて考え直してみたいものです。

30日 感謝する心

今日の社会においては、われわれはどんなに力んでみたところで、ただ一人では生きてゆけない。やはり親兄弟はじめ多くの人びと、また人ばかりでなく、周囲に存する物や環境、さらには自分たちの祖先や神仏、自然の恵みのもとに暮らしている。そういうものに対して、素直に感謝する心を持つということは、人としていわば当然のことであり、決して忘れてはならない態度だと思う。

もしそういう感謝の心を持たないということになるならば、お互いの生活はきわめて味気ない殺伐としたものになるであろう。常に感謝の心を持って接してこそ、他人の立場も尊重して行動するということも可能になってくる。

10　月

1日 法治国家は中進国

今日、法治国家というのは、だいたい先進国ということになっていますが、私は法治国家は真の先進国とは言えないのではないか、という気がします。是非善悪が何でも法律で決せられる法治国家は、いわば中進国であって、真の先進国、文明国とは、法律がきわめて少なく、いわゆる〝法三章〟で治まっていく国、それだけ国民の良識が高い国ということではないかと思うのです。

とすれば、真の先進国になるためには、やはり国民の良識の涵養《かんよう》というものを大いにはかっていかなければなりません。そのことに成功しない限りは、先進国にはなれないのではないかと思うのです。

2日 強く人を求める

事をなすに当たって、人を得るかどうかはきわめて大事なことである。それによって事の成否は決まると言ってもよい。

それではどうしたら〝人〟が得られるのだろうか。これは大きく言えば、運とか縁によると考えられるだろうが、やはり強く人を求める心があってこそ、人材も集まってくるのだと思う。ただなんとなくすぐれた人材が集まってくるということはまずあり得ないだろう。すべてのものは要求のあるところに生まれてくるものである。

人材の不足を嘆く前に、まずみずからどれほど強く人を求めているかを自問自答してみる必要もあるのではなかろうか。

3日 千差万別の人間

人間は千差万別の姿と心に生まれついていています。したがってそれぞれの持つ使命も天分も、全部異なっているのではないかと考えられます。

しかし現実の社会では、すべてを一つの型にはめよう、規制しよう、同じ道を歩ませようとするきらいが多分にあるように思われます。もちろんこうした考え方は、一面においては必要なのですが、世の中を全部そういう考え方、ものの見方で通そうとすることは、決して社会の進歩にはつながらないでしょう。

ですから、人間がそれぞれに持っている特性というものをよく認識し、その特性を生かしていける共同生活を考え出さなければならないと思うのです。

4日 心を磨く

人間の心というものは、ほんとうに自由自在なものだと思います。何か困難な問題が起こったとしても、心の働きによっていかようにでも考えられると思うのです。もう辛抱できない、あしたにでも自殺したいという場合でも、考え方を変えるならば、一転して、あたかもひろびろとした大海をゆくがごとき悠々とした心境に転回することさえできるのです。それが人間の心の働きというものでしょう。

ですからわれわれは、これから仕事をするに当たって、まず心を磨くというか、ものの考え方を成長させる必要があります。そういう心の働きに、今まで得た知識を加えてやっていけば、必ず大きな成果が生まれると思います。

5日 経営の若さとは

一般的に人間は年齢を加えるとともに若さが失われていきます。けれども、そういう中でも、なお若さを失わないという人もいます。それはどういうことかというと、心の若さです。

企業においても、大切なのはそういう精神的若さでしょう。言いかえれば、経営の上に若さがあるかどうかということです。そして、経営の若さとは、すなわちその企業を構成する人びとの精神的若さ、とりわけ経営者におけるそれではないかと思うのです。経営者自身の心に躍動する若々しさがあれば、それは全従業員にも伝わり、経営のあらゆる面に若さが生まれて、何十年という伝統ある企業でも若さにあふれた活動ができるようになると思います。

6日 休日の裏づけ

文化的で繁栄した生活を営むのは、人みなの願いです。わが国でも、最近、休日を増やすということが話題に上がっていますが、休日を単に怠けた姿としてではなく、積極的に生活を楽しむというように考えてきつつあるのは、一つの進んだ姿として、好ましいことだと思います。

しかし、ただ単に休みを多くするというだけで、そこに生産の高まりという裏づけがなかったならば、お互いの収入は減るばかりで、かえって生活の程度は下がってしまうでしょう。原始の時代から、お互い人間は、生産の高まりとともに生活を高め、しかも休息と慰安の時間を次第に多くしてきたのです。それが社会発展の一つの姿と言えるのです。

7日 体力と気力と経験

人間の体力というものは、三十歳前後が頂上であろう。一方、気力ということになると、私の常識的な体験から言えば、四十歳ぐらいが最高になり、これを過ぎると、次第に衰えてくるのではなかろうか。もちろん気力は落ちても、立派に仕事はできる。というのは、それまでのその人の経験というものが、その気力の衰えを支えるからである。

それと、もう一つは先輩として尊ばれ、後輩たちの後押しによって、少々困難なことでも立派に遂行できるようになる。こうした力が加わるからこそ、年をとって気力、体力ともに若い人たちにとてもかなわないようになっても、支障なく仕事が進められるのではなかろうか。

8日 進歩への貢献者

商品をつくる方は、もちろん今日現在はそれが最善だと思って出すのですが、日進月歩の世の中ですから、日とともに新しいアイデアが生まれてきます。ですから、お客さんの中には「あとから買った人は非常にいいものが手に入るから、先に買った人は損だ」と言われる方もあります。

しかし、商品というものは最初に買う人がいなければ進歩しません。先に買う人は「私が金を投じて買ったから、多くの人に行きわたることになった。私は貢献者なんだ。同時に自分は一番早くその便益を得たから、むしろ得をしたんだ」と、こう考えることによって世の中は発展すると思うのです。

9日 人を中心とした経営

会社の経営というものは、なんといっても人が中心となって運営されていくものです。組織も大事ですが、それは第二義的に考えられるもので、まず人が中心である、というように考えねばならないと思います。

国の政治などは、政治の組織、機構というものが先にあって、それに当てはまる人が就任されて国政をとりますが、一般にはやはり人を中心に考えなければいけないと思います。組織は人を活かすために適切につくってゆくべきものと、こう考えていいのではないでしょうか。

そしてそのためには、やはり一人ひとりの力、各自の能力というものが非常に重大な問題になってくると思うのです。

10日 大事に立てば立つほど

困難期、混乱期に際して大事なことは、根本的な心の迷いをとり除いて、しっかりと心を確立してゆくということです。志をかたく堅持して、そして事に立ち向うことができるなら、その時に応じて最善と考えられる具体的な方策は、適切に出てくるものだと思います。

その志を確固として持つことなしに混乱期に直面すれば、あれこれと心が迷うことになって、事が失敗に終わる場合が少なくないと思うのです。まさに〝貧すれば鈍する〟です。

大事に立てば立つほど、どう生きるかについてのしっかりした信念を持つ。そうして事に当たれば、ある程度の処置を過たずしてできるものだと思います。

11日 物心にバランスある姿

今日のわが国では、科学の進歩、経済的な発展にくらべて、国民の道義道徳心なり良識というものに、非常に脆弱《ぜいじゃく》な面があるのではないか、という声がある。たしかに今日、何が正しいか、いかにあるべきかという点が曖昧になってきているように思われる。

やはり、人間らしい生活を営むには、単に科学が進歩し、物質的に豊かになるばかりでなく、人としての良識というか、精神面の豊かさというものが並行して養われる必要があると思う。つまり、身も豊か、心も豊かというバランスのとれた豊かさのもとに、はじめて平和で、人間らしい幸せな生活をおくることができるのではないだろうか。

12日 経営は総合芸術

経営者の仕事は、画家などの芸術家の創造活動と軌を一《いつ》にするものだと考える。一つの事業の構想を考え、計画を立てる。それに基づいて資金を求め、工場その他の施設をつくり、人を得、製品を開発し、それを生産し、人びとの用に立てる。その過程というものは、画家が絵を描くごとく、これすべて創造の連続だと言えよう。

なるほど、形だけ見れば単に物をつくっていると見えるかもしれないが、その過程にはいたるところに経営者の精神が生き生きと躍動しているのである。その意味において、経営はきわめて価値の高い、いわば総合芸術ともいうべきものだと思う。

13日 国土を大切にする

日本の国土ほど風光明媚《めいび》で、気候が温和な国はそうないのではないでしょうか。しかも長年にわたって、非常にすぐれた日本独自の文化と国民性とを養い育ててきました。今後ともこの国土の存するかぎり、日本のすぐれた文化と国民性は永遠に失《う》せないでしょう。

とは言え、日本国民全体が、自分たちのこの国土を大切にするという強い意識を持つことがきわめて大事だと思います。そして、この国土によって今までにはぐくまれてきた伝統の精神というものを十分に理解、認識し、そしてさらにすぐれた文化の花を咲かせるよう努めていくことが、今日の日本人の尊い使命だと思います。

14日 商品を発意する

商売をしている人は、その商品を買って使われる人の立場というものが一番よくわかります。ご需要家のみなさまが商品について日ごろ抱いておられるご不満、ご要望というものを聞く機会が一番多いのが商人でしょう。

したがって、真にお客さまの要望にそった商売をするためには、そのご不満なりご要望を聞きっぱなしにするのでなく、それを自分で十分に咀《そ》嚼《しゃく》し、商人としての自分のアイデアを考え出す。いわば、みずから商品を発意してそれをメーカーに伝え、改善、開発をはかるよう強く要望していくことが大切だと思います。そこまでしてこそはじめて、真に社会に有益なほんとうの商売というものも可能になるのではないでしょうか。

15日 紙一枚の差

社会に対する責任ということを同じように考えてやっていても、その徹し方には差がある。一方は「これで十分だ」と考えるが、もう一方は「まだ足りないかもしれない」と考える。そうしたいわば紙一枚の差が、大きな成果の違いを生む。もう十分だと考えると、苦情があっても「ああ言うが、うちも十分やっているのだから」ということになって、つい反論する。

けれどもまだ足りないと思えば、そうした苦情に対しても敏感に受け入れ、対処していくということになる。そういうことが、商品、技術、販売の上に、さらに経営全般に行なわれれば、年月を重ねるにつれて立派な業績を上げることになるわけである。

16日 諸行無常の教え

その昔、お釈迦さまは、〝諸行無常〟ということを説かれました。この教えは、一般には〝世ははかないものだ〟という意味に解釈されているようですが、私はむしろ〝諸行〟とは〝万物〟、〝無常〟とは〝流転〟と考え、諸行無常とは、すなわち万物流転であり、生成発展ということであると解釈したらどうかと思うのです。言いかえますとお釈迦さまは、日に新たでなければならないぞ、ということを教えられたのだということです。

これは単に仏教だけの問題でなく、お互いの日々の仕事をはじめ、お互いの人生、社会のあらゆる面に当てはまるのではないでしょうか。

17日 臨床家になれ

経営、商売というものは、これを医学にたとえれば、臨床医学に当たると思います。その意味では、これに当たる者はみな、実地の体験をつんだ臨床家でなくてはなりません。

ですから、かりに販売の計画を立てる人が、自分自身、販売の体験を持たずして、その知識、才能だけに頼って、いわゆる机上のプランをつくっても、それは生きたものとはならず、失敗する場合が多いのではないでしょうか。やはり、臨床の仕事をしていく以上、実地の体験から入らなくては、一人前の仕事はできにくいと思うのです。

この臨床の仕事をしているという心根を、お互いいつも忘れないようにしたいものです。

18日 独断は失敗につながる

仕事でお互いが注意すべきことは、会社の伝統、方針を無視した自分ひとりの考えで行動しないということです。人ひとりの知恵は、いかにすぐれていても、伝統もかえりみず、方針を等閑視して、せまい自分の主観から生まれてくる判断で行動すれば、かえって会社をマイナスに導きます。

私たちはとかく、ものの一面にとらわれて自己の考えのみを主張していると、その背後に流れる大きな力を見忘れてしまうものです。そこから大きな失敗が表われてきます。常に自己の背後にある流れ、つながりを見通す目、心を培い、その中で自己を生かすよう訓練していかなければなりません。

19日 良識を養う

この世の中ではお互いがさまざまな言説を唱えています。しかし自由のもとに自説を主張する場合には、自説にとらわれて対立にのみ終始するということではいけません。対立しつつも調和していかなければならないと思います。

そのためには、お互いがそれぞれにみずからの良識を養い高めていくことが大切です。公共の福祉に反してはならないということは、もちろん法律にも定められてはいますが、やはり法律だけでは律し切れないものがあるわけです。そういうものについては、個々の人びとがみずからの良識で事を判断することによって、自由を真の自由たらしめていかなければならないと思うのです。

20日 小異を捨て大同につく

明治維新の立役者は勝海舟と西郷隆盛である。当時官軍にも幕府側にも戦いを主張する人は少なからずあり、複雑な情勢であった。しかし、勝海舟も西郷隆盛も戦うことを決して軽視はしなかったけれども、それ以上に、日本の将来ということを深く考えたわけである。そういう両者の一致した思いが、江戸城無血開城を可能にしたのだと思う。

結局、指導者が目先のこと、枝葉末節にとらわれず、大所高所からものを見、大局的に判断することがいかに大切かということである。何が一番大事であり、何が真に正しいか、たえず小異を捨てて大同につく、それが指導者としてきわめて大切な心がまえだと思う。

21日 競争相手に学ぶ

今日、たとえば企業などにおいて、非常に力もあり、立派な経営をしている相手と競争していくというような場合、ともすれば、困った、大変だと考えがちではないだろうか。

しかしこれを「相手の経営のいいところは大いにとり入れてやろう。また、こういう相手と競争していくのは一面大変だけれども、同時に非常に励みにもなる。結局自分のところの発展のプラスになるのだ」と考えたらどうだろうか。そうすれば、相手のよさも素直に吸収でき、さらに心ものびのびとして、相手に負けないような知恵もでてくるかもしれない。

指導者は、競争相手からも学ぶ心がまえが大切だと思う。

22日 成功のコツ

よい会社だと思って入った会社でも、一から十まで何もかもよいとは限りません。ときには欠点もあるでしょう。しかしそれをはじめから〝こんな会社はあかん〟と決めてかかるか、それとも〝どうもこの点だけはよいとは思わないが、これは自分の問題として改善向上させていこう〟という熱意を持って当たるかによって、対応の仕方が全く変わってくるでしょう。

〝よし、自分の会社をいまよりもっとよい会社にしてやるぞ〟という意欲を持ち、すべてのことを前向きにとらえる姿勢を持つ人は、信頼もされ、頼もしい社員として嘱望されるでしょう。成功のコツはそのようなところにあると思うのです。

23日 原因は自分にある

人間というものは他人の欠点は目につきやすいものだ。往々にしてなにか問題が起こると、それはすべて他人のせいで、自分には関係がない、と考えがちである。実際に他人のせいであって、自分は無関係な場合もある。しかし、それをそう判定するのは、あくまでも人間である。他人のせいではあるけれども、実は自分のせいでもある、というように、自分は全く関係がないとは言いきれない場合も少なくないのではなかろうか。

少なくとも、問題が起こった際には、他人のせいだと考える前に、まず自分のせいではないか、ということを一度考え直してみることが非常に大切ではないかと思うのである。

24日 地球人意識

いま世界は、本格的な国際化時代を迎えつつあります。政治、経済、あるいは資源、食料などの問題にしても、一国の問題がすぐ世界の多くの国ぐにに影響を与えることが少なくありません。その意味では、世界は非常に狭くなったと言えましょう。

それだけに、単に自国の問題をのみ考えるのではなく、もっと視野を広くして、地球人の一員という意識でものを考え、行なうことが大事だと思います。たとえば、援助を願っている国があるとすれば、他の国ぐにはそれぞれの実力に応じて助け合うべきでしょう。そのようにお互い地球人といった意識を持って、なすべきことをなすということが基本の心がまえになると思うのです。

25日 人の話に耳を傾ける

日ごろ部下の言うことをよく聞く人のところでは比較的人が育っている。それに対して、あまり耳を傾けない人の下では人が育ちにくい。そういう傾向があるように思われる。

なぜそうなるかというと、やはり部下の言葉に耳を傾けることによって、部下が自主的にものを考えるようになり、そのことがその人を成長させるのだと思う。けれども、自分の言うことに上司が耳を傾けてくれないというのでは、ただ惰性で仕事をするということになって成長も止まってしまう。

上司としてどんな場合でも大事なのは、〝耳を傾ける〟という基本的な心がまえをいつも持っていることであろう。

26日 良品を世に送る努力

どんなによい製品をつくっても、それを世の人びとに知ってもらわなければ意味がありません。つくった良品をより早く社会にお知らせし、人びとの生活に役立ててもらうという意味で、宣伝広告というものは、欠くべからざるものと言えるでしょう。

しかし、その一方で、そういった宣伝がなくても、よい評判を受け、大いに信用をかち得ている製品があります。これは、良品はみずから声を放たず、これを求めた人びとによって広く社会に伝えられたということに他なりません。そういう宣伝に頼る必要のない、ほんとうにすぐれた品質の製品を生み出し、世に送る努力を常に忘れてはならないと思うのです。

27日 インテリの弱さ

今日、よく耳にする言葉に〝インテリの弱さ〟ということがある。これは、インテリには、なまじっかな知識があるために、それにとらわれてしまい、それはできないとか、それはどう考えてもムリだと思い込んでしまって、なかなか実行にうつさないという一面を言った言葉だと思う。

実際、〝ああ、それは今まで何度もやってみたんだが、できないんだ〟と決め込んでいることが、われわれの身のまわりには意外と多いのではなかろうか。ときには、自分の考え、また自分をとらえている常識や既存の知識から解放され、純粋な疑問、純粋な思いつきというものを大切にしてみてはどうだろうか。

28日 こわさを知る

人はそれぞれにこわいものを持っています。子どもは親をこわいと感じたり、社員は社長をこわいと思ったり、社長は世間をこわいと思ったりします。しかしそれとともに、自分自身がこわいという場合があります。ともすれば怠け心が起こるのがこわい、傲慢《ごうまん》になりがちなのがこわいというようなものです。

私はこのこわさを持つことが大切だと思います。このこわさを常に心にいだき、おそれを感じつつ、日々の努力を重ねていく。そこに慎み深さが生まれ、自分の行動に反省をする余裕が生まれてくると思うのです。そしてそこから、自分の正しい道を選ぶ的確な判断も、よりできるようになると思います。

10月

29日 社長を使う

私はいつも社長をもっと使ってくれと言うのです。「こういう問題が起こっているのです。これは一ぺん社長が顔を出してください。社長に顔を出してもらったら向うも満足します」「それなら喜んで行こう」というわけです。

こういうように社長を使うような社員にならなければならないと思うのです。その会社に社長を使う人間が何人いるか、一人もいなかったらその会社はだめです。しかしほんとうに社長を使う人間が、その会社に十人できたら、その会社は無限に発展すると思います。

また、社長を使わなくても課長や主任を使う。上司が部下を使うことは、普通の姿です。部下が上司を使うことが大事なのです。

30日 使命感半分、給料半分

人間には、〝欲と二人連れ〟という言葉もあるように、自分の利によって動くという面と、使命に殉ずるというか、世のため人のために尽すところに喜びを感じるといった面がある。

だから人を使うにしても、給料だけを高くすればいいというのでなく、やはり使命感というものも持たせるようにしなくては、ほんとうには人は動かない。もちろん使命感だけで、給料は低いというのでも、これはよほど立派な人でない限り不満を持つだろう。普通の人間であれば、使命感半分、給料半分というところだと思う。

そのようなあるがままの人間性に即した処遇をしていくところに、適切な人の使い方があると言えよう。

31日 まず与えよう

持ちつ持たれつという言葉もあるが、この世の中は、お互いに与え合い、与えられ合うことによって成り立っている。それはお金とか品物といった物質的な面もあれば、思いやりといったような心の面もある。

聖書の中にも、「与うるは受くるより幸いなり」という言葉があるというが、人間には、他からもらうことも嬉しいが、他に与え、他を喜ばすことにより大きな喜びを感じるというところがあると思う。そういう喜びをみずから味わいつつ、しかも自分を含めた社会全体をより豊かにしていくことができるのである。

「まず与えよう」これをお互いの合言葉にしたいと思うのだが、どうであろうか。

11　月

1日 人の世は雲の流れの如し

青い空に、ゆったりと白い雲が流れてゆく。常日ごろ、あわただしさのままに、意識もしなかった雲の流れである。速く遅く、大きく小さく、白く淡く、高く低く、ひとときも同じ姿を保ってはいない。崩れるが如く崩れざるが如く、一瞬一瞬その形を変えて、青い空の中ほどを、さまざまに流れてゆく。

これはまさに、人の心、人のさだめに似ている。人の心は日に日に変わってゆく。そして、人の境遇もまた、きのうときょうは同じではないのである。喜びもよし、悲しみもまたよし、人の世は雲の流れの如し。そう思い定めれば、そこにまた人生の妙味も味わえるのではないだろうか。

2日 生産者の感激

私が昔、直接生産に従事していたとき、新しい品物を代理店に持参して見せると、「松下さん、これは苦心された品ですね」と言われたことがあります。こう言われたとき、私は無料で進呈したいと思ったほど嬉しかったのです。これは高く売れて儲かるという欲望的な意識でなくて、よくぞ数カ月のつくる労苦を認めてくださったという純粋な感激だったのです。

こうした感激は、常に自分の魂と至誠を製品にこめる者のみが味わい得るものだと思います。そしてそのような喜びに全社員がひたりつつ生産してこそ、確固たる社会信用を獲得することのできる製品を生み出すことが可能になるのではないでしょうか。

3日 日本人としての自覚と誇り

〝国破れて山河あり〟という言葉があります。たとえ国が滅んでも自然の山河は変わらないという意味ですが、山河はまた、われわれの心のふるさとども言えましょう。歴史に幾変転はあっても、人のふるさとを思う心には変わりはありません。この国に祖先が培ってきた伝統の精神、国民精神もまた変わることなく、お互い人間の基本的な心構えであると思います。

われわれは日本という尊いふるさとを持っています。これを自覚し、誇りとして活動する、そこにはじめてお互いに納得のいく動きが起こるのではないでしょうか。日本人としての自覚や誇りのないところには、日本の政治も経済もないと思うのです。

4日 職種と適性

文化が進むと職種が増え、自分の好む職種というものが、だんだんと選びやすくなってきます。そしてそこに生きがい、働きがいが求めやすくなってくるだろうと思います。しかし、今日のところは、まだ十分でなく、この仕事はあまり自分には適していないが、まあこれで甘んじていようかという場合もあると思います。けれども昔からみると、非常に恵まれています。

そう考えてみると、今日に生きるわれわれは、非常に幸せだと思います。自分の好む仕事を求めやすい時代です。こういう時代に生まれながら、もしも仕事に生きがい、喜びを感じないというのであれば、それは原則として許されないことになると思うのです。

5日 大器晩成ということ

よく世間では、あの人は大器晩成型だなどと言いますが、その場合はどちらかといえば、あまりほめたようには使わないことが多いようです。つまり、いまはまあまあだけれども、そのうちになんとか一人前になるだろう、といった調子です。

しかし私は、この大器晩成というのは、もっと大事な意味を持っているのではないかと思うのです。

真の大器晩成型というものは、人生は終生勉強であるという考えを持って、ウサギとカメの昔話のカメのように、一歩一歩急がずあわてず日々精進し、進歩向上していく姿ではないかと思います。そういう姿をめざすことがお互いに大切だと思うのです。

6日 部下のために死ぬ

経営者に求められるものはいろいろありましょうが、自分は部下のために死ぬ覚悟があるかどうかが一番の問題だと思います。

そういう覚悟ができていない大将であれば、部下も心から敬服して、ほんとうにその人のために働こうということにはならないでしょう。経営者の方も、そういうものを持たないと、妙に遠慮したり、恐れたりして、社員を叱ることもできなくなります。それでは社内に混乱が起こることにもなってしまいます。

ですから、やはり経営者たるものは、いざというときには部下のために死ぬというほどの思いで日々の経営に当たるのでなければ、力強い発展は期し得ないと思うのです。

7日 見る前に察する

不当な競争は断じていけませんが、正常な競争には進んで乗り出さなければ、進歩がありません。またその競争には勝たねばなりません。

その場合、問題は相手の差し手を、それが形に表われないうちに感じることができるかどうかにあります。相手の企画が商品として市場に出てきてから、あれはいいな、うちでもやろうか、では遅いのです。まだ目に見えないものを、なんとなく感じる。むずかしいが、それをやるのが競争に勝つ経営というものです。

ましてや相手の商品を見てすぐに手を打つならまだしも、それが売れ出してやっとみこしを上げるようでは〝後手〟にまわるもはなはだしいと言うべきです。

8日 ふりこの如く

時計のふりこは、右にふれ左にふれる。そして休みなく時がきざまれる。それが原則であり、時計が生きている証拠であると言ってよい。

世の中も、また人生もかくの如し。右にゆれ左にゆれる。ゆれてこそ、世の中は生きているのである。躍動しているのである。

しかし、ここで大事なことは、右にゆれ左にゆれるといっても、そのゆれ方が中庸を得なければならぬということである。右にゆれ左にゆれるその振幅が適切適正であってこそ、そこから繁栄が生み出されてくる。小さくふれてもいけないし、大きくふれてもいけない。中庸を得た適切なふれ方、ゆれ方が大事なのである。

9日 利害得失にとらわれない

利害得失を考えることは、ある程度やむを得ないけれども、あまりそれにとらわれすぎると、自分の歩む道を誤ることにもなりかねない。

学校を選ぶにしても、卒業して仕事を選ぶ場合でも、そうである。誰もが給与とか待遇のことを先に考える傾向があるが、やはり、自分には何が一番適しているだろうかということを、よく考えるべきだと思う。

必ずしも大会社へ行ったから幸せかというとそうとばかりは言えない。人によっては、中小企業に勤めてかえって用いられ、人生の味というか、アヤを知る尊い体験ができて、人間としても成長するということが往々にしてあるからである。

10日 商品の段位を高める

いま、新しい開発商品が十品できたとします。碁や将棋にたとえると、十品とも初段の資格がある、いわゆる一人前の商品として一応は売れていくわけです。しかし、そのうちのどれか、これというものを取り上げて、一品くらいは永遠に名人として残っていく、という姿を生み出すことができないものかと思います。

いままでの姿には、新製品ができて少し日がたつと、もう旧製品として消えていくのが当たり前、という考え方がありました。しかし初段のものを今度は二段にする、三段にする、四段にすることによって名人まで持っていく。そういうことをたえず考えていく必要があると思うのです。

11日 企業は儲けるべし

企業というものは、終始一貫、どうすれば合理化できるか、どうすればムダな経費が省けるかと、一生懸命汗を流し、工夫し、そして苦心惨憺《さんたん》してやっと一定の利益を上げているのです。そして利益の大半を税金として納めています。

企業も国民も、みんなが働いてプラスを生んで、税金を納めているから国の財源ができるわけです。どこも儲けなければ、税金も納められない。とすれば国の財源はどこから集め得るのでしょうか。

企業は儲けてはいけないということであるなら、経営は簡単です。努力もいらなければ創意工夫もしなくていいのですから。それで国が成り立っていくのであれば何も苦労はいりません。

12日 立場を交換する

たとえば経営者と労働組合、与党と野党の関係など、社会では対立して相争うという姿が各所に見られる。その結果、精神的にいがみ合いがあるばかりでなく、物事の円滑な進行が妨げられ、そこから大きなロスが生まれている。

そういう傾向になりがちなのは、やはりそれぞれが自分の立場中心にものを見るからではないだろうか。自分の立場中心に考えれば、どうしても自分というものにとらわれてものの見方がせまくなり、全体が見えにくくなってしまう。

だから、ときに相手の立場にわが身を置く気持ちで、お互いの立場を交換して考えてみてはどうか。そうすることによって相互の理解も深まり、合意点も見出せるのではないだろうか。

13日 部下に使われる

一般に、形の上では指導者が人を使って仕事をしているようにみえるが、見方によっては指導者の方が使われているのだとも言える。

だから、口では「ああせいこうせい」と命令しても、心の奥底では「頼みます」「お願いします」さらには「祈ります」といった気持ちを持つことが大事だと思う。そういうものを持たずして、ただ命令しさえすれば人は動くと思ったら大変なまちがいである。指導者は一面部下に使われるという心持ちを持たねばならない。こうした心境があって、はじめて部下に信頼される大将になり得るのである。

特に大きな組織、集団の指導者ほど、この心がまえに徹することが必要だと言えよう。

14日 自分を戒めるために

松下電器では、昭和八年に〝遵奉すべき五精神〟を定め発表して以来、毎日の朝会で唱和している（十二年に二精神を加え七精神）。これはもちろん、社員としての心がまえを説いたものであるが、それと同時に私自身を鞭撻《べんたつ》するためのものである。みんなで確認しあった使命であっても、何もなければついつい忘れていきがちになる。だから毎日の仕事のスタート時にかみしめる。言ってみれば自分への戒めである。

人間は頼りないものである。いかに強い決意をしても、時間がたてばやがてそれが弱まってくる。だからそれを防ぐためには、常に自分自身に言い聞かせる。自分に対する説得、戒めを続けなければならない。

15日 自分の働きの価値は

みなさんは自分の働きの価値というものをどのように考えているでしょうか。かりに月給が十万円の人であれば、十万円の仕事をしたのでは会社には何も残らないことになります。私は自分が十万円もらっていれば、少なくとも三十万円、できれば百万円ぐらいの仕事をしなくてはいけないと考えます。そうすれば会社に金が残ります。その金は会社だけでなく社会に還元されるわけです。会社から十万円もらって八万円の仕事をしていたなら、会社は二万円損ですから、そういう人ばかりだと、その会社はつぶれてしまいます。会社に働く者としては、そういうことをたえず頭に置いておく必要があると思います。

16日 成功するまで続ける

何事によらず、志を立てて事を始めたら、少々うまくいかないとか、失敗したというようなことで簡単に諦めてしまってはいけないと思う。一度や二度の失敗でくじけたり諦めるというような心弱いことでは、ほんとうに物事を成し遂げていくことはできない。

世の中は常に変化し、流動しているものである。一度は失敗し、志を得なくても、それにめげず、辛抱強く地道な努力を重ねていくうちに、周囲の情勢が有利に転換して、新たな道が開けてくるということもあろう。世に言う失敗の多くは、成功するまでに諦めてしまうところに原因があるように思われる。最後の最後まで諦めてはいけないのである。

17日 権威を認める

一つの会社の経営でも、また個々の責任者が一つの部署を運営する場合でも、そこにみなが認めるような権威というものを求めて、それに基づいて事をなしていくことが能率的、効果的な運営をしていく上できわめて大切だと思う。

会社の創業の精神、経営理念なり使命感、あるいは経営者自身の人徳なり熱意、そういったものをみなが得心して権威として認めるようになれば、物事が能率的に治まっていく。今日では権力というものを否定する風潮が強く、さらにそれが進んでいい意味の権威までも認めないような傾向もみられるが、それはかえって非能率を生むものであるとも言えるのではないだろうか。

18日 民主主義と勝手主義

民主主義というものは、自分がよければ人はどうでもいいというような勝手なものでは決してないと思うのです。今日の日本の民主主義はわがまま勝手主義である。勝手主義を民主主義の如く解釈している人が随分あるのではないか、というような感じがします。

民主主義は、自分の権利も主張することは認められるが、それと同時に他人の権利なり、福祉なりというものも認めてゆかなければならない。そういうことをしなかったならば、法律によってぴしっとやられるというような非常に戒律の厳しいものだと思います。それがあってはじめて民主主義が保ち得るのだと思うのです。

19日 くり返し訴える

経営者が、その思うところの考え、意思を社員に十分伝え、浸透させるにはどうすればいいだろうか。

それは、何よりもまずくり返し話すことである。大切なこと、相手に覚えてもらいたいことは、何度も何度もくり返して言う。くり返し訴える。二度でも三度でも、五へんでも十ぺんでも言う。そうすれば、いやでも頭に入る。覚えることになる。

またそれとあわせて、文字をつづって文章にしておくということも大切だと思う。文章にしておけば「それを読みなさい」と言えば事が足りる。読んでもらえば、くり返し訴えるのと同じことになる。

20日 寛容の心で包含

世の中にはいい人ばかりはいない。相当いい人もいるが相当悪い人もいるわけです。ですから、きれいな人、心の清らかな人、そういう人ばかりを世の中に望んでも実際にはなかなかその通りにはなりません。十人いたらその中に必ず美ならざる者も正ならざる者も入ってくる。そういう状態で活動を進めているのが、この広い世の中の姿ではないでしょうか。そこに寛容ということが必要になってきます。

力弱き者、力強き者があるならば、両者が互いに包含し合って、そこに総合した共同の力を生み出してゆく。そういうところにわれわれ人間の行き方があるのではないかと私は思うのです。

21日　心をときはなつ

自由な発想の転換ができるということは、指導者にとってきわめて大事なことである。

しかし、発想の転換ということはさかんに言われるが、実際はなかなかむずかしい。みずから自分の心をしばったり、せばめている場合が多いのである。

だから大事なことは、自分の心をときはなち、ひろげていくことである。そしてたとえば、いままでオモテから見ていたものをウラから見、またウラを見ていたものをオモテも見てみる。そういったことをあらゆる機会にくり返していくことであろう。

そうした心の訓練によって、随所に発想の転換ができるようにしたいものである。

22日　弁解より反省

仕事でもなんでも、物事がうまくいかない場合、必ずそこに原因があるはずである。だからうまくいかなかったときに、その原因を考えることは、同じ失敗を重ねないためにも、きわめて大切である。

そのことは誰もが承知しているのであるが、人間というものは往々にしてうまくいかない原因を究明し反省するよりも、「こういう情況だったからうまくいかなかったのだ」「あんな思いがけないことが起こって、それで失敗したのだ」というように弁解し、自分を納得させてしまう。原因は自分が招いたことである、という思いに徹してこそ、失敗の経験も生かされるのではないだろうか。

23日 労働は神聖なり

労働は神聖である。その意識をお互いにつよく持ちたいものだと思う。

私は、労働は神聖であり、その聖職に当たっているのだという誇りから、労働それ自体も、より価値あるものになるというか、その能率、生産性も知らず識らずのうちに上がってくると思う。

そのように生産性が上がって、仕事の成果も高まれば、それは労働者に、より大きな報酬賃金をもたらすことになろう。つまり、労働の喜びという精神的な面だけでなく、物質的な面での向上進歩もあるわけで、言ってみればそうした意識、誇りから物心一如の繁栄なり幸福なりが生まれてくると思うのである。

24日 不可能を可能にする

ある製品の価格を一年ほどの間に三割も引き下げて注文を取っている会社のことが新聞の記事に載っていました。以前は非常に儲けすぎていたのだと言えばそれまでです。しかし、以前といえどもある程度の利益以外は取っていなかっただろうと思いますし、今度といえども赤字ではやっていないだろうと思います。

そうすると、そこにはなんらかの工夫があったと考えられます。経営の考え方とか、仕方に工夫をこらして、価格を引き下げても引き合うという方法を見出しているのです。そうした成果は、〝不可能を可能にする道は必ずある〟とみずから考え努力していくところから生まれてくるものではないでしょうか。

25日 人間としての務め

命をかける――それは偉大なことです。命をかける思いがあるならば、ものに取り組む態度というものがおのずと真剣になる。したがって、ものの考え方が一新し、創意工夫ということも、次つぎに生まれてきます。お互いの命が、生きて働くからです。

そうすると、そこから私たち人間が繁栄していく方法というものが、無限にわき出てくると言えるのではないでしょうか。この無限にひそんでいるものを一つ一つ捜し求めていくのが、人間の姿であり、私たちお互いの、人間としての務めであると思います。もうこれでいい、けっしてそう考えてはならない。それは人間の務めを怠る人だと私は思います。

26日 要求者たれ

経営者にとって、とくに大事な点は何かというと、それは〝要求者になる〟ということだと思います。

社員の人たちに、会社の方針はこうだから、こういうようにやろうではないか、諸君も努力してほしい、という強い呼びかけを持つということです。それが社長の仕事だと思います。社長がそういうことを言わなければ、社員は何をどういうふうにやっていいのか分からないということになって、力強いものは生まれてきません。

ですから、経営者は強い理想というか希望というものを打ち立てて、これを社員のすべてに要望、要求することが肝要なのです。要望を持たない社長は存在の意義がないと思うのです。

27日 人間としての成功

人にはおのおのみな異なった天分、特質というものが与えられています。言いかえれば万人万様、みな異なった生き方をし、みな異なった仕事をするように運命づけられているとも考えられると思うのです。

私は、成功というのは、この自分に与えられた天分を、そのまま完全に生かし切ることではないかと思います。それが人間として正しい生き方であり、自分も満足すると同時に働きの成果も高まって、周囲の人びとをも喜ばすことになるのではないでしょうか。

そういう意味からすれば、これこそを〝人間としての成功〟と呼ぶべきではないかと考えるのです。

28日 とどめを刺す

日々のお互いの仕事の中で、もうちょっと念を入れておいたら、とあとから悔いることが少なくないような気がする。

一生懸命に努力して、せっかく九十九パーセントまでの成果を上げても、残りのわずか一パーセントの「とどめ」がしっかりと刺されていなかったら、それは結局はじめからやらなかったと同じことになる。いや中途半端にやっただけ、むしろマイナスになる場合が多いのではあるまいか。

念には念を入れよ、である。仕事を完全にやり通すのに、念の入れ過ぎということはない。とどめを刺さない仕事ぶりがあったら、お互いその不徹底を大いに恥とするほどの厳しい心がけを持ちたいものである。

29日 値引く以上のサービスを

商人は、自分の信念なり事業観に基づいて適正利潤というものを確保し、顧客を大事にしつつ商人としての社会的責任を果たしていくことが肝要で、それが社会共通の繁栄に結びつく望ましい姿だと思います。

そして、そうした望ましい商売をしていくためには、適当にかけ引きをして値段をまけるというのではなく、最初から十分勉強した適正な値段をつけて、それは値切られてもまけない、逆にお客さんを説得し納得していただくということでなければいけません。その上で〝あの店は値引く以上に価値あるサービスをしてくれる〟という評判をお客さんからいただくような商売をすることが大事だと思います。

30日 精神大国をめざして

今日、わが国は経済大国と言われるまでになりましたが、人びとの心の面、精神面を高めるということについては、とかくなおざりにされがちだったように思います。これからは経済面の充実とあわせて、お互い国民の道義道徳心、良識を高め、明るく生き生きと日々の仕事に励みつつ、自他ともに生かしあう共同生活をつくりあげていく。あわせて日本だけでなく海外の人びと、ひいては人類相互のための奉仕、貢献ができる豊かな精神に根ざした国家国民の姿を築きあげていく。そのような精神大国、道徳大国とでも呼べる方向をめざして進むことが、今日、国内的にも対外的にも、きわめて肝要ではないかと思うのです。

12　月

1日 自分の最善を尽す

太閤秀吉という人は、ぞうり取りになれば日本一のぞうり取りになったし、炭番になれば最高の能率を上げる炭番になった。そして馬回り役になったら、自分の月給をさいてニンジンを買い、馬にやったという。このため嫁さんが逃げてしまったということだが、そこに秀吉の偉大さがある。馬番になったが「オレはこんな仕事はいやだ」などと言わずに、日本一の馬番になろうと努力した。

つまり、いかなる環境にあっても、自分の最善を尽し、一日一日を充実させ、それを積み重ねていく。それが役に立つ人間であり、そのようなことが人を成功に導いていく道だと思うのである。

2日 忍ぶべきを忍ぶ

誠心誠意いいものをすすめたけれども用いてくれないというので憤慨し、これは相手が暗愚だからしようがないとやけになって、結局うちこわしになってしまうということが、ままあるようです。

しかし、そういうことでは、私は大したことはできないだろうと思います。用いてくれなければ時を待とう。これだけ説明してもだめだというのは、これは時節がきていないのだ――そう考えてじっと忍耐していくところから、無言のうちに知らしめる、というような強い大きな誠意が生まれてきます。そしてそのうちに、相手がみずから悟ることにもなって、それが非常な成功に結びつくことにもなりましょう。

3日 広い視野

今日では、世界の一隅に起こったことも、それが瞬時に全世界に伝わり、さまざまな影響を及ぼす。そのような中で、自国の範囲だけ、自分の会社、団体の範囲だけの狭い視野で事を考え、行動していたのでは、往々にしてあやまちを犯すことになってしまうと思う。いま、視野の広さというのは、指導者にとって、欠くことのできないものであろう。

指導者はみずから世界全体、日本全体といったように広い範囲でものを見るよう常に心がけつつ、一国の運営、会社や団体の経営を考えなくてはならないし、また人びとにそうした広い視野を持つことの大切さを訴えていかなくてはならないと思う。

4日 事あるたびに

私は、世の中というものは刻々と変化していき、進歩発展していくものだという見方を根本的に持っています。何か事あるたびに、この世の中はだんだんよくなっていくと思っているのです。

あの誤った戦争をして、あれほどの痛手を被ったにもかかわらず、今日のように繁栄の姿になっているのは、どういう問題が起ころうとも、世の中は一刻一刻進歩発展していくものだということを表わしている一例ではないでしょうか。

あの戦争があってよかったとは決して思いませんが、しかしどういうことがあった場合でも、お互いのあり方次第で、それが進展に結びつく一つの素因になるのではないかと思います。

5日 恩を知る

恩を知るということは、人の心を豊かにする無形の富だと思います。

猫に小判ということがありますが、せっかくの小判も猫にとっては全く価値なきものにすぎません。恩を知ることはいわばその逆で、鉄をもらってもそれを金ほどに感じる。つまり鉄を金にかえるほどのものだと思うのです。ですから今度は金にふさわしいものを返そうと考える。みんながそう考えれば、世の中は物心ともに非常に豊かなものになっていくでしょう。

もっとも、この恩とか恩返しということは決して要求されたり、強制されるものでなく、自由な姿でお互いの間に理解され、浸透することが望ましいと思います。

6日 適正な給与

だれしも給与は多い方がよいと考えます。その考え方自体は決して悪いとは思いません。しかし、会社がかりに多くの給与を出したいと念願しても、会社の一存によって実現できるかというと必ずしもそうはいかないと思います。やはり、それだけの社会の公平な承認が得られて、はじめてそれが許され、恒久性を持つわけです。

給与が適切であるか否かは、会社にも従業員にも、その安定と繁栄にかかわる重大な問題であり、同時に社会の繁栄の基礎ともなるものです。お互いに十分な配慮のもとに、絶えざる創意と工夫を加えて、その適正化をはかっていかなければならないと考えます。

7日 抜擢人事には介添えを

先輩が多くいるにもかかわらず、その後輩の若い人を抜擢して上のポストにつけるという場合があります。そういう場合には、単に辞令を渡して〝今度A君が課長になった〟と発表するだけでは具合が悪いと思います。

そんな場合には社長が、その課の一番古い先輩に、課員を代表して「われわれは課長の命に従い頑張ります」というような宣誓をさせるなりなんなりして、はっきりけじめをつけさせることが必要です。それをしないでいると、変なわだかまりがくすぶり、課全体が困ることにもなります。

抜擢人事には、そのように、社長が適切な介添えをすることが、非常に大事だと私は思います。

8日 上位者に訴える

自分が最善を尽してもなお、これがいい方策だという確信が生まれない場合は、ただちに上位者に訴える必要があります。

もちろん、それぞれの人が会社の基本方針にのっとりつつ、責任を持って自主的に仕事を進めていくという姿はきわめて好ましいと思います。けれどもうまくいかない非常に困難な場合、自分だけで悩み、上位者に訴えない。上位者はうまくいっていると思って安心している。どうしてもいけなくなって、訴えたときにはすでに手遅れだということが往々にしてあります。

具合の悪いときは瞬時も早く上位者に報告して指示を仰ぐ、それがほんとうの責任経営だと思うのです。

9日 世界に誇れる国民性

同じ日本人でも細かくみれば、考え方や性格など実にいろいろな人がいるわけですが、しかしまた一面には、日本人には日本人としての共通の特性というか、日本人独特の民族性、国民性というものがやはりあるように思います。日本独特の気候や風土の中で長い間過ごしているうちに、たとえば日本人特有の繊細な情感というようなものが、しだいに養われてきたと言えるでしょう。

日本人の国民性の中にも、反省すべき点は少なくありませんが、とくに勤勉さとか、器用さとか、恵まれた気候風土と長い歴史伝統によって養われてきたこういう特性には、世界にも大いに誇り得るものがあるように思うのです。

10日 限度を超えない

社会には、いわゆる常識というものがあります。そしてその常識に従って、ある一定の限度というものがあるはずで、たとえばお金を貯めることも結構なら使うのも結構ですが、その限度を超えて吝嗇《りんしょく》であったり、また金使いが荒く、借金だらけであるということでは、世間が承知しません。やはり、収入の範囲において、ある程度使うということが許されるわけで、これを超すと信用問題が起こってくることになります。

何をするにも、その限度を超えないように、お互いに十分注意し合い、行き過ぎたことは遠慮なく忠言し合って、おのおの責任感を持ってやっていくことが望ましいと思うのです。

11日 持ち味を生かす

家康は日本の歴史上最もすぐれた指導者の一人であり、その考え方なり業績に学ぶべきものは多々ある。しかし、だからといって他の人が家康の通りにやったらうまくいくかというとそうではない。むしろ失敗する場合が多いと思う。というのは、家康のやり方は家康という人にしてはじめて成功するのであって、家康とはいろいろな意味で持ち味の違う別の人がやっても、それはうまくいかないものである。

人にはみなそれぞれに違った持ち味がある。一人として全く同じということはない。だから偉人のやり方をそのまま真似るというのでなく、それにヒントを得て自分の持ち味に合わせたあり方を生み出さねばならないと思う。

12日 呼びかける

自分が商売をしていて〝これは良い品物だ。使えばほんとうに便利だ〟というものをみつけたら、確固とした信念を持って、お客さんに力強く呼びかけ、訴えるということが大事です。

そういう呼びかけをするならば、お客さんもおのずとその熱意にほだされ、一度使ってみようかということになる。その結果、非常に喜ばれ、〝なかなか熱心だ〟ということで信頼が集まり、自然、商売も繁昌していくことになります。

要はそういう呼びかけを喜びの気持ちを持って行なうこと、そこにこそお客さんにも喜ばれ、世のため人のためになる真の商売を成功させる一つの大きなカギがあるのではないでしょうか。

13日 命をかける

「人多くして人なし」という言葉を、昔ある先輩から聞いたことがある。考えてみると、会社経営においても、普通の状態では間に合う人は大勢いる。ところがさて、大事に臨んで間に合う人はというと、きわめて少ないものである。

では、どういう人が大事のとき役に立つか。その道の知識とか経験が大きな比重を持つことは当然だが、ただそれだけではダメのように思う。その上に何が必要かというと、「生命を賭《と》す」気構えである。といっても今日ではほんとうに命を捨てるということはきわめて少ないが、いざというときには「命をかけて」という気構えを、いつの場合でも持っている人が、ほんとうに大事に役立つ人だと思うのである。

14日 人生の妙味

雨が降ったり雷が鳴ったりという自然現象はある程度の予測はできるものの、正確にはつかみえない。

われわれの人生の姿も、この自然現象とよく似たものではないだろうか。そこには、天災地変に匹敵する、予期できない多くの障害がある。われわれはそれらの障害の中にありながら、常に、自分の道を求め、仕事を進めてゆかねばならない。そこに〝一寸先は闇〟とよく言われる人生のむずかしさがあるのであるが、そういう障害を乗りこえ、道を切り拓いてゆくところに、また人生の妙味があるのだとも思う。予期できるものであれば、味わいも半減してしまうであろう。

15日 正しい競争を

私どもが会社を経営していくときに、同業会社と非常な競争になります。競争はしなければならない。しかしそれは正しい形においてなさなければなりません。

卑怯《ひきょう》な競争はしてはならない、まして相手を倒すとか、相手に損害を加えるというような競争の仕方であってはならないというのが、事業を始めて以来、一貫した私の指導精神です。競争会社があってこそわれわれのはげみになるのだ、そういうように競争会社を発展的に見なければならないと考え、また社員の人にも言ってきました。

われわれは実業人であると同時に、やはり紳士でなければならない、正しい商売を遂行していかなければならないと思うのです。

16日 大義名分

古来、名将と言われるような人は、合戦に当たっては必ず「この戦いは決して私的な意欲のためにやるのではない。世のため人のため、こういう大きな目的でやるのだ」というような大義名分を明らかにしたと言われる。いかに大軍を擁しても、正義なき戦いは人びとの支持を得られず、長きにわたる成果は得られないからであろう。

これは決して戦の場合だけではない。事業の経営にしても、政治におけるもろもろの施策にしても、何をめざし、何のためにやるのかということをみずからはっきり持って、それを人びとに明らかにしていかなくてはならない。それが指導者としての大切な務めだと思う。

17日 昭和維新の志士として

いまから百年ほど前に明治維新というものがあり、そしてその後、日本の姿が世界各国から認識され、評価されるようにまでなりました。しかし今日に至って、日本はまた大きな転換期を迎えていると思います。また日本ばかりでなく、目を転じて世界を見てみると、世界の情勢も必ずしも安定しているとは言えません。

そういう情勢を考えるとき、私はいまは〝昭和維新〟のときであると考えねばならないのではないかと思います。明治維新は日本の開化であった、昭和維新は世界の開化に努力する時期であると思うのです。そしてわれわれ日本人が、昭和維新の志士を買ってでなくてはならないのではないかと思うのです。

18日 利害を一にしよう

おとなと青年、あるいは子どもとの間に断絶があるとすれば、それはわれわれの言う商売的な利害をともにしていない、さらにもっと高い意味の利害を一《いつ》にしていないからだと思います。

親は子のために、子は親のために、ほんとうに何を考え、何をなすべきかということに徹しているかどうか、また先生は生徒のためをほんとうに考えているかどうか、生徒は先生に対してどういう考え方を持っているのか。そういう意識がきわめて薄いために、そこに溝ができ、それが断絶となり、大いなる紛争になってくるのではないでしょうか。時代が時代だから断絶があるのが当然だと考えるところに、根本の錯覚、過ちがあると思うのです。

19日 寿命を知る

人間に寿命があるように、われわれの仕事にも、それがいつのことかわからないにしても、やはり一つの寿命があると言えるのではないかと思う。しかし、だからといって、努力してもつまらないと放棄してしまうようでは、人間で言うところの天寿を全うせしめることはできない。これはいわば人間はやがて死ぬのだからと、不摂生、不養生の限りを尽すのと同じであろう。

それよりもむしろ、いっさいのものには寿命があると知った上で、寿命に達するその瞬間までは、お互いがそこに全精神を打ち込んでゆく。そういう姿から、大きな安心感というか、おおらかな人生が開けるのではないかと思う。

20日 日に十転す

古人は〝君子は日に三転す〟と言ったという。君子は時勢の進展というものを刻々と見て、それによく処しているから、一日に三回も意見が変わっても不思議ではないというのであろう。

今日はおそろしくテンポの速い時代である。そうした時代に、十年一日のごとき通念でものを見たり考えておれば、判断をあやまることも多いだろう。昔ですら君子たるものは一日に三転しなければならなかった。テンポの速い今日では、日に十転も二十転もするほどの識見と判断の素早さを持たねばなるまい。

人間の本性は変わらぬものだが、その上に立って、変わりゆく時勢の進展に刻々と処してゆくことが大事だと思う。

21日 信用は得難く失いやすい

われわれが何か事をなしていく場合、信用というものはきわめて大事である。いわば無形の力、無形の富と言うことができよう。

けれどもそれは一朝一夕で得られるものではない。長年にわたる誤りのない、誠実な行ないの積み重ねがあってはじめて、しだいしだいに養われていくものであろう。

しかしそうして得られた信用も失われるときは早いものである。昔であれば、少々のあやまちがあっても、過去に培われた信用によって、ただちに信用の失墜とはならなかったかもしれない。しかしちょっとした失敗でも致命的になりかねないのが、情報が一瞬にして世界のすみずみまで届く今日という時代である。

22日 小事を大切に

ふつう大きな失敗は厳しく叱り、小さな失敗は軽く注意する。しかし、考えてみると、大きな失敗というものはたいがい本人も十分に考え、一生懸命やった上でするものである。だからそういう場合には、むしろ「君、そんなことで心配したらあかん」と一面励ましつつ、失敗の原因をともども研究し、今後に生かしていくことが大事ではないかと思う。

一方、小さな失敗や過ちは、おおむね本人の不注意や気のゆるみから起こり、本人もそれに気がつかない場合が多い。小事にとらわれるあまり大事を忘れてはならないが、小事を大切にし、小さな失敗に対して厳しく叱るということも一面必要ではないか。

23日 運命に従う

人には人に与えられた道があります。それを運命と呼ぶかどうかは別にして、自分に与えられた特質なり境遇の多くが、自分の意志や力を超えたものであることは認めざるを得ないでしょう。そういう運命的なものをどのように受けとめ、生かしていくかということです。

自分はこのような運命に生まれてきたのだ、だからこれに素直に従ってやっていこう、というように、自分の運命をいわば積極的に考え、それを前向きに生かしてこそ、一つの道が開けてくるのではないでしょうか。そこに喜びと安心が得られ、次にはほんとうの意味の生きがいというものも湧いてくるのではないかと思うのです。

24日 時を尊ぶ心

以前、ある床屋さんに行ったとき、サービスだということで、いつもなら一時間で終わるサンパツを、その日は一時間十分かけてやってくれた。つまり、床屋さんはサービスだということで十分間多く手間をかけてくれたというわけである。そこで私は、サンパツが仕上がってから冗談まじりにこう言った。

「君がサービスしようという気持ちは非常に結構だと思う。しかし、念入りにやるから十分間余分にかかるということであっては、忙しい人にとって困るようなことになりはしないか。もし君が、念入りに、しかも時間も五十分でやるというのであれば、これはほんとうに立派なサービスだと思うのだが……」

25日 経営者次第

昔の日本の言葉に「頭がまわらなければ尾もまわらない」というのがあるが、私は、経営者が百人なら百人の人を緊張させて、大いに成果を上げようと思えば、その人の活動が、はたの人が見て、〝気の毒な〟と思うくらいにならないといけないと思う。〝うちのおやじ、もう一生懸命にやっとる。気の毒や〟という感じが起これば、全部が一致団結して働くだろう。けれどもそうでない限りは、経営者の活動の程度に応じてみな働くだろうと思う。

人間というのはそんなものである。決してぼろいことはない。自分はタバコをくわえて遊んでいながら「働け」と言っても、それは働かない。私はそういうふうに考えてやってきた。

26日 うまくて、早くて、親切

私が丁稚奉公をしていたころ、楽しみの一つはうどんを食べることだった。その当時は、子ども心にも「あのお店のうどんはおいしいし、すうどん一杯のお客でも大切にしてくれる」と感じ、ある一軒の店ばかりに通ったものである。そのうどん屋は、うまくて、親切で、そして早くつくってくれた。

現代における商売のコツもこのうどん屋さんのやっていたことと何一つ変わらない。りっぱな商品を早くお届けし、親切丁寧に使用法を説明する――こうした心がけで商売をするならば、私は必ずそのお店は成功すると思う。またそういうお店が成功しなかったら不思議である。

27日 投げやらない

成功する会社と成功しない会社の差というものは、私は紙一重だと思います。

たとえば、今後、価格の競争が激しくなってくれば、われわれの製品のコストを十パーセント引き下げるということを、当然やらなければなりません。もし下がらなければ、なぜ下がらないかということに対して、内外の衆知を集めなければならないのです。それを、自分の知恵の範囲で、会社の知恵の範囲でいろいろ考えて、これは無理だ、できないと言って投げやりになってしまえば、これは絶対にできないわけです。どうしてもやっていくんだというところに、一つの成功の糸口がだんだんとほどけてきて、必ずその成果が上がると思うのです。

28日 ケジメをつける

お互い人間にとって、責任を明らかにするということ、ケジメをつけることの大切さは、昔からよく言われてきていることだが、これは今日でも変わらないと思う。

もちろん、それぞれに会社の社風や仕事の内容が違うから、その会社独自のやり方があるであろう。しかし、お互いに自分自身の成長のためにも、また自分の会社がさらに飛躍し、社会に貢献してゆくためにも、ケジメをつけるという断固としたものを、一面において持たなければならないと思う。

いま一度、それぞれの立場でわが身を振り返り、事を曖昧に過ごしていないかどうか、改めて確かめてみることが大事ではないだろうか。

29日 理想ある政治を

政治には理想が大事です。日本をこうするんだという一本筋が通ったものがなければいけない。そういうものがいまは見られません。その場を適当におさめてやっている、そういう状態です。

いまだ日本が世界で二、三十番目ということであるなら、追いつけ追いこせということで目標もできてきますが、すでに世界で一、二位を争うようになっている以上、そこにより高い目標、理想を打ち出す必要があると思います。

たとえ世界で一番ということになったとしても、日本にはもっと大きな役割があるんだからということで、より高い理想を持ち、力強い政治を行なっていくことが必要だと思うのです。

30日 静思の時

何事も合理的でスピーディなものが尊ばれる昨今、それがスピーディであればあるほど、一方で静思の時というか、ゆったりしたものが欲しくなる、これが人情というか、人間の本能的ともいえる一つの姿でしょう。だから、これを抑えることは、人間の身体や生活をとんでもなくゆがんだものにしかねないと思います。

ですから、夜やすむ前、床の上に座って静かに一日を反省する。やり方はどうあれ、そういう時を持って、一日のケジメをきちんとつけてこそはじめて、そこに安らぎが生まれ、明日への新たな意欲が湧いてくるのではないか。世の中が騒々しくなるほど、そういう静思の時が必要になると思うのです。

31日 総決算

十二月は総決算の月。このときに当たり、一年の歩みをふり返り、お互いの心のケジメもつけたいものです。この一年、よかったことはよかった、悪かったことは悪かったと、素直に自分で採点しなければなりません。

そしてこの一年は、決して自分ひとりの力で歩んだものではありません。自分で気づかないところで人びとの協力を得、また思わぬところで迷惑をかけていることもあると思うのです。

そんな周囲の人びとの協力に対してはありがたく感謝し、迷惑をかけたことに対しては謙虚に謝罪したいと思います。そうした素直な自己反省こそ、次の新しい年の自分の成長にプラスする何かを、必ず与えてくれると思うのです。

《出典一覧》

月日	出典
1・1	『毎日新聞』昭35・1・5
2	『道は無限にある』PHP研究所刊
3	『Voice』昭56・2　PHP研究所刊
4	『経済談義』PHP研究所刊
5	『指導者の条件』PHP研究所刊
6	『素直な心になるために』PHP研究所刊
7	『松風』昭49・11　松下電器産業刊
8	『指導者の条件』PHP研究所刊
9	『経済同友』昭32・9　経済同友会刊
10	『ロータリーの友』昭45・1　ロータリーの友編集事務所刊
11	『かえりみて明日を思う』PHP研究所刊
12	『社員稼業』PHP研究所刊
13	『新政経』昭34・6　新政治経済研究会刊
14	『日本はよみがえるか』PHP研究所刊
15	『松風』昭41・3　松下電器産業刊
16	『マネジメント・ジャーナル』昭和40・5　日本事務能率協会刊
17	『指導者の条件』PHP研究所刊

18 『私の行き方 考え方』ＰＨＰ研究所刊
19 『指導者の条件』ＰＨＰ研究所刊
20 『経営心得帖』ＰＨＰ研究所刊
21 『なぜ』文藝春秋刊
22 『崩れゆく日本をどう救うか』ＰＨＰ研究所刊
23 『経営百話・下』ＰＨＰ研究所刊
24 『松風』昭53・4 松下電器産業刊
25 『同朋』昭39・1 真宗大谷派宗務所刊
26 『人事万華鏡』ＰＨＰ研究所刊
27 『実践経営哲学』ＰＨＰ研究所刊
28 『その心意気やよし』ＰＨＰ研究所刊
29 『経済談義』ＰＨＰ研究所刊
30 『ＰＨＰ』昭29・2 ＰＨＰ研究所刊
31 『経営百話・下』ＰＨＰ研究所刊

2・1 『仕事の夢 暮しの夢』ＰＨＰ研究所刊
2 『商売心得帖』ＰＨＰ研究所刊
3 『道は明日に』毎日新聞社刊
4 『実践経営哲学』ＰＨＰ研究所刊

5 『わが経営を語る』ＰＨＰ研究所刊
6 『経済談義』ＰＨＰ研究所刊
7 『経営のコツここなりと気づいた価値は百万両』ＰＨＰ研究所刊
8 『商売心得帖』ＰＨＰ研究所刊
9 『私の行き方 考え方』ＰＨＰ研究所刊
10 『松風』昭32・11 松下電器産業刊
11 『道は無限にある』ＰＨＰ研究所刊
12 『商売心得帖』ＰＨＰ研究所刊
13 『道は無限にある』ＰＨＰ研究所刊
14 『私の顔』ダイヤモンド社刊
15 『松風』昭39・2 松下電器産業刊
16 『経営百話・下』ＰＨＰ研究所刊
17 『道は明日に』毎日新聞社刊
18 『人間を考える』ＰＨＰ研究所刊
19 昭52・1・10 松下電器社員への話
20 『指導者の条件』ＰＨＰ研究所刊
21 『山陽新聞』昭39・7・20
22 『その心意気やよし』ＰＨＰ研究所刊
23 『ＰＨＰ』昭39・3 ＰＨＰ研究所刊

24 『なぜ』文藝春秋刊
25 『その心意気やよし』ＰＨＰ研究所刊
26 『経営心得帖』ＰＨＰ研究所刊
27 『その心意気やよし』ＰＨＰ研究所刊
28 『若葉』昭52・6・1　ＰＨＰ友の会事務局刊
29 『社員心得帖』ＰＨＰ研究所刊

3・1 『信泉』昭44・11　住友信託銀行刊
2 『大阪新聞』昭42・8・26
3 『実践経営哲学』ＰＨＰ研究所刊
4 『わが経営を語る』ＰＨＰ研究所刊
5 昭42・10・5　松下電器社員への話
6 『その心意気やよし』ＰＨＰ研究所刊
7 『実業之日本』昭37・11・1　実業之日本社刊
8 『商売心得帖』ＰＨＰ研究所刊
9 『大阪新聞』昭42・7・4
10 『混迷を打破する指導者の条件』日本生産性本部刊
11 昭38・9・4　4Ｈクラブ総会での話
12 『経営心得帖』ＰＨＰ研究所刊

13 『商売心得帖』ＰＨＰ研究所刊
14 『人生問答・下』潮出版社刊
15 『繁栄のための考え方』ＰＨＰ研究所刊
16 昭45・11・18 朝日ゼミナールでの話
17 昭8・12・12 松下電器社員への話
18 『人事万華鏡』ＰＨＰ研究所刊
19 『評伝・松下幸之助』国際商業出版刊
20 昭39・4・8 青年社長会会員への話
21 『月日とともに』松下電器産業刊
22 『経営百話・上』ＰＨＰ研究所刊
23 『指導者の条件』ＰＨＰ研究所刊
24 『青年諸君！』ＰＨＰ研究所刊
25 『指導者の条件』ＰＨＰ研究所刊
26 『わが経営を語る』ＰＨＰ研究所刊
27 『危機日本への私の訴え』ＰＨＰ研究所刊
28 『わが経営を語る』ＰＨＰ研究所刊
29 『経済談義』ＰＨＰ研究所刊
30 『経営百話・上』ＰＨＰ研究所刊
31 『道は無限にある』ＰＨＰ研究所刊

4・1 『大阪新聞』昭42・9・8
2 『人を活かす経営』ＰＨＰ研究所刊
3 『経営心得帖』ＰＨＰ研究所刊
4 『社員稼業』ＰＨＰ研究所刊
5 『大阪新聞』昭42・9・11
6 『経済談義』ＰＨＰ研究所刊
7 『大阪新聞』昭42・3・1
8 『経営心得帖』ＰＨＰ研究所刊
9 『政治を見直そう』ＰＨＰ研究所刊
10 『経済談義』ＰＨＰ研究所刊
11 『ＰＨＰ』昭46・5 ＰＨＰ研究所刊
12 『指導者の条件』ＰＨＰ研究所刊
13 『その心意気やよし』ＰＨＰ研究所刊
14 『生活の設計』昭46・1 貯蓄増強中央委員会刊
15 『人事万華鏡』ＰＨＰ研究所刊
16 『若い君たちに伝えたい』講談社刊
17 『指導者の条件』ＰＨＰ研究所刊
18 『私と科学・技術』発明協会刊

19 『その心意気やよし』ＰＨＰ研究所刊
20 『指導者の条件』ＰＨＰ研究所刊
21 『大阪新聞』昭43・1・10
22 『道は無限にある』ＰＨＰ研究所刊
23 『指導者の条件』ＰＨＰ研究所刊
24 『国際商業』昭52・3　国際商業出版刊
25 『崩れゆく日本をどう救うか』ＰＨＰ研究所刊
26 『宝石』昭54・12　光文社刊
27 『サンデー毎日』昭49・3・17　毎日新聞社刊
28 『その心意気やよし』ＰＨＰ研究所刊
29 『指導者の条件』ＰＨＰ研究所刊
30 『日本工業新聞』昭53・1・1

5・1 『私の夢・日本の夢 21世紀の日本』ＰＨＰ研究所刊
2 『日本工業新聞』昭39・1・1
3 『政治を見直そう』ＰＨＰ研究所刊
4 『実践経営哲学』ＰＨＰ研究所刊
5 『週刊現代』昭46・1・1　講談社刊
6 『経済談義』ＰＨＰ研究所刊

7 昭38・9・4　4Hクラブ総会での話
8 『社員稼業』ＰＨＰ研究所刊
9 『わが経営を語る』ＰＨＰ研究所刊
10 『人事万華鏡』ＰＨＰ研究所刊
11 『道は無限にある』ＰＨＰ研究所刊
12 『文藝春秋』昭51・5　文藝春秋刊
13 『その心意気やよし』ＰＨＰ研究所刊
14 『その心意気やよし』ＰＨＰ研究所刊
15 『商売心得帖』ＰＨＰ研究所刊
16 『指導者の条件』ＰＨＰ研究所刊
17 『人を活かす経営』ＰＨＰ研究所刊
18 『若い君たちに伝えたい』講談社刊
19 昭49・7・22　第40回全国経営者大会での話
20 『指導者の条件』ＰＨＰ研究所刊
21 昭36・12・16　松下電器社員への話
22 『経済談義』ＰＨＰ研究所刊
23 『経営のコツここなりと気づいた価値は百万両』ＰＨＰ研究所刊
24 『社員稼業』ＰＨＰ研究所刊
25 『大阪新聞』昭42・8・25

26　昭38・10・17　京都中央信用金庫主催〝杉の子会〟講演
27　『商売心得帖』ＰＨＰ研究所刊
28　『経営心得帖』ＰＨＰ研究所刊
29　『経営のコツここなりと気づいた価値は百万両』ＰＨＰ研究所刊
30　昭8・7・21　松下電器社員への話
31　『山陽新聞』昭39・7・16

6・

1　『私の行き方 考え方』ＰＨＰ研究所刊
2　『指導者の条件』ＰＨＰ研究所刊
3　『素直な心になるために』ＰＨＰ研究所刊
4　『けいえい』昭34・8・20　松下電器産業刊
5　『経済談義』ＰＨＰ研究所刊
6　『わが経営を語る』ＰＨＰ研究所刊
7　『経営心得帖』ＰＨＰ研究所刊
8　『ＰＨＰのことば』ＰＨＰ研究所刊
9　『社員稼業』ＰＨＰ研究所刊
10　『松下電工社内新聞』昭47・1・25
11　『電波新聞』昭和40・10・22
12　『指導者の条件』ＰＨＰ研究所刊

13 『指導者の条件』ＰＨＰ研究所刊
14 『経営心得帖』ＰＨＰ研究所刊
15 『大阪新聞』昭42・9・12
16 『若さに贈る』ＰＨＰ研究所刊
17 『若い君たちに伝えたい』講談社刊
18 『経営百話・下』ＰＨＰ研究所刊
19 『松風』昭32・3　松下電器産業刊
20 『経営百話・下』ＰＨＰ研究所刊
21 『実践経営哲学』ＰＨＰ研究所刊
22 『かえりみて明日を思う』ＰＨＰ研究所刊
23 『経営のコツここなりと気づいた価値は百万両』ＰＨＰ研究所刊
24 『その心意気やよし』ＰＨＰ研究所刊
25 『《求》松下幸之助経営回想録』ダイヤモンド・タイム社刊
26 『指導者の条件』ＰＨＰ研究所刊
27 『ＰＨＰ』昭29・5　ＰＨＰ研究所刊
28 『その心意気やよし』ＰＨＰ研究所刊
29 『指導者の条件』ＰＨＰ研究所刊
30 『著名人のわたしの健康法』社会保険新報社刊

7・1 『素直な心になるために』ＰＨＰ研究所刊
2 『経営心得帖』ＰＨＰ研究所刊
3 『指導者の条件』ＰＨＰ研究所刊
4 昭38・8・21　日本青年会議所主催講演会
5 『若さに贈る』ＰＨＰ研究所刊
6 『人事万華鏡』ＰＨＰ研究所刊
7 『ＰＨＰのことば』ＰＨＰ研究所刊
8 『人事万華鏡』ＰＨＰ研究所刊
9 『経営心得帖』ＰＨＰ研究所刊
10 『若い君たちに伝えたい』講談社刊
11 『社員心得帖』ＰＨＰ研究所刊
12 『青少年大阪』昭42・1・5　大阪府青少年問題協議会刊
13 『指導者の条件』ＰＨＰ研究所刊
14 『なぜ』文藝春秋刊
15 『社員稼業』ＰＨＰ研究所刊
16 『日本はよみがえるか』ＰＨＰ研究所刊
17 『指導者の条件』ＰＨＰ研究所刊
18 『人事万華鏡』ＰＨＰ研究所刊
19 『経営百話・上』ＰＨＰ研究所刊

20 『若い世代』昭38・3　近代経営社刊
21 『松風』昭35・2　松下電器産業刊
22 『科学と実験』昭55・1　共立出版刊
23 『道は無限にある』PHP研究所刊
24 『人を活かす経営』PHP研究所刊
25 昭47・1・15　松下電器社員への話
26 『経営百話・下』PHP研究所刊
27 『政治を見直そう』PHP研究所刊
28 昭37・1・25　中小企業懇談会講演
29 『その心意気やよし』PHP研究所刊
30 『商売心得帖』PHP研究所刊
31 『人を活かす経営』PHP研究所刊

8・1 『指導者の条件』PHP研究所刊
2 『道は無限にある』PHP研究所刊
3 昭36・1・10　松下電器社員への話
4 『新政経』昭40・3　新政治経済研究会刊
5 『朝日新聞』昭40・10・30
6 昭38・10・17　京都中央信用金庫主催〝杉の子会〟講演

7 昭38・6・3　松下電器社員への話
8 『人間としての成功』ＰＨＰ研究所刊
9 『人を活かす経営』ＰＨＰ研究所刊
10 『ＰＨＰのことば』ＰＨＰ研究所刊
11 『若さに贈る』ＰＨＰ研究所刊
12 『商売心得帖』ＰＨＰ研究所刊
13 『わが経営を語る』ＰＨＰ研究所刊
14 『経営心得帖』ＰＨＰ研究所刊
15 『経済談義』ＰＨＰ研究所刊
16 『モラロジー』昭41・8・1　モラロジー研究所刊
17 『商売心得帖』ＰＨＰ研究所刊
18 『経営百話・下』ＰＨＰ研究所刊
19 『中央電気倶楽部月報』昭35・1
20 昭36・1・10　松下電器社員への話
21 『指導者の条件』ＰＨＰ研究所刊
22 『道は無限にある』ＰＨＰ研究所刊
23 『わが経営を語る』ＰＨＰ研究所刊
24 『朝日新聞』昭38・11・7
25 『指導者の条件』ＰＨＰ研究所刊

26 『物の見方 考え方』ＰＨＰ研究所刊
27 『けいえい』昭34・11・20 松下電器産業刊
28 『月日とともに』松下電器産業刊
29 昭33・1・10 松下電器社員への話
30 『なぜ』文藝春秋刊
31 昭34・5・28 松下電器社員への話

9・1 『大阪新聞』昭42・11・8
2 『経済談義』ＰＨＰ研究所刊
3 『商売心得帖』ＰＨＰ研究所刊
4 『繁栄のための考え方』ＰＨＰ研究所刊
5 『経営の価値 人生の妙味』ＰＨＰ研究所刊
6 『新国土創成論』ＰＨＰ研究所刊
7 『指導者の条件』ＰＨＰ研究所刊
8 『道は無限にある』ＰＨＰ研究所刊
9 『松風』昭53・2 松下電器産業刊
10 『若い郵政』昭55・2 郵政弘済会刊
11 『人生問答・上』潮出版社刊
12 『経営心得帖』ＰＨＰ研究所刊

13 『人間としての成功』ＰＨＰ研究所刊
14 『指導者の条件』ＰＨＰ研究所刊
15 『婦人生活』昭51・8 婦人生活社刊
16 『商売心得帖』ＰＨＰ研究所刊
17 『評伝・松下幸之助』国際商業出版刊
18 『若い君たちに伝えたい』講談社刊
19 『友情』昭46・2 若い根っこの会刊
20 『経営のコツここなりと気づいた価値は百万両』ＰＨＰ研究所刊
21 『実業の日本』昭44・10・1 実業之日本社刊
22 『人生問答・下』潮出版社刊
23 『その心意気やよし』ＰＨＰ研究所刊
24 『物の見方 考え方』ＰＨＰ研究所刊
25 『文藝春秋』昭39・11 文藝春秋刊
26 『松風』昭39・12 松下電器産業刊
27 『経営のコツここなりと気づいた価値は百万両』ＰＨＰ研究所刊
28 『その心意気やよし』ＰＨＰ研究所刊
29 『商売心得帖』ＰＨＰ研究所刊
30 『松風』昭41・2 松下電器産業刊

10・1 『人と国土』昭56・1 国土計画協会刊
2 『指導者の条件』ＰＨＰ研究所刊
3 『ＰＨＰのことば』ＰＨＰ研究所刊
4 『わが経営を語る』ＰＨＰ研究所刊
5 『日米・経営者の発想』ＰＨＰ研究所刊
6 『月日とともに』松下電器産業刊
7 『松風』昭33・7 松下電器産業刊
8 『経営のコツここなりと気づいた価値は百万両』ＰＨＰ研究所刊
9 『わが経営を語る』ＰＨＰ研究所刊
10 『道は無限にある』ＰＨＰ研究所刊
11 『その心意気やよし』ＰＨＰ研究所刊
12 『実践経営哲学』ＰＨＰ研究所刊
13 『かえりみて明日を思う』ＰＨＰ研究所刊
14 『商売心得帖』ＰＨＰ研究所刊
15 『経済談義』ＰＨＰ研究所刊
16 『人間としての成功』ＰＨＰ研究所刊
17 『経営心得帖』ＰＨＰ研究所刊
18 『わが経営を語る』ＰＨＰ研究所刊
19 『かえりみて明日を思う』ＰＨＰ研究所刊

20 『指導者の条件』ＰＨＰ研究所刊
21 『指導者の条件』ＰＨＰ研究所刊
22 『人間としての成功』ＰＨＰ研究所刊
23 『決断の経営』ＰＨＰ研究所刊
24 『人間としての成功』ＰＨＰ研究所刊
25 『人事万華鏡』ＰＨＰ研究所刊
26 『わが経営を語る』ＰＨＰ研究所刊
27 『その心意気やよし』ＰＨＰ研究所刊
28 『若さに贈る』ＰＨＰ研究所刊
29 『社員稼業』ＰＨＰ研究所刊
30 『人事万華鏡』ＰＨＰ研究所刊
31 『経済談義』ＰＨＰ研究所刊

11・1 『松風』昭35・6 松下電器産業刊
2 『わが経営を語る』ＰＨＰ研究所刊
3 『わが経営を語る』ＰＨＰ研究所刊
4 『社員稼業』ＰＨＰ研究所刊
5 『その心意気やよし』ＰＨＰ研究所刊
6 『経営のコツここなりと気づいた価値は百万両』ＰＨＰ研究所刊

7 『松下電工社内新聞』昭47・1・25
8 『朝日新聞』昭38・9・26
9 『物の見方 考え方』PHP研究所刊
10 『松風』昭51・5 松下電器産業刊
11 『かえりみて明日を思う』PHP研究所刊
12 『経済談義』PHP研究所刊
13 『指導者の条件』PHP研究所刊
14 『人を活かす経営』PHP研究所刊
15 『道は無限にある』PHP研究所刊
16 『指導者の条件』PHP研究所刊
17 『人事万華鏡』PHP研究所刊
18 『一燈照隅集』関西師友協会刊
19 『人を活かす経営』PHP研究所刊
20 『わが経営を語る』PHP研究所刊
21 『指導者の条件』PHP研究所刊
22 『経済談義』PHP研究所刊
23 『経済談義』PHP研究所刊
24 『わが経営を語る』PHP研究所刊
25 『若さに贈る』PHP研究所刊

26 『わが経営を語る』ＰＨＰ研究所刊
27 『人間としての成功』ＰＨＰ研究所刊
28 『大阪新聞』昭42・6・3
29 『商売心得帖』ＰＨＰ研究所刊
30 『精神大国づくりの立役者に』京都音楽文化協会刊
12・1 『山陽新聞』昭39・7・16
2 『道は無限にある』ＰＨＰ研究所刊
3 『指導者の条件』ＰＨＰ研究所刊
4 昭51・12・24 財界記者クラブ記者会見
5 『人生問答・上』潮出版社刊
6 『経営心得帖』ＰＨＰ研究所刊
7 『経営のコツここなりと気づいた価値は百万両』ＰＨＰ研究所刊
8 『経営心得帖』ＰＨＰ研究所刊
9 『人間としての成功』ＰＨＰ研究所刊
10 『わが経営を語る』ＰＨＰ研究所刊
11 『指導者の条件』ＰＨＰ研究所刊
12 『商売心得帖』ＰＨＰ研究所刊
13 『大阪新聞』昭43・2・23

14 『なぜ』文藝春秋刊
15 『社員稼業』ＰＨＰ研究所刊
16 『指導者の条件』ＰＨＰ研究所刊
17 『道は無限にある』ＰＨＰ研究所刊
18 昭45・5・5　松下電器社員への話
19 『松風』昭39・1　松下電器産業刊
20 『文藝春秋』昭39・10　文藝春秋刊
21 『指導者の条件』ＰＨＰ研究所刊
22 『指導者の条件』ＰＨＰ研究所刊
23 『社員稼業』ＰＨＰ研究所刊
24 『その心意気やよし』ＰＨＰ研究所刊
25 『経営百話・上』ＰＨＰ研究所刊
26 『大阪新聞』昭42・9・27
27 『わが経営を語る』ＰＨＰ研究所刊
28 『その心意気やよし』ＰＨＰ研究所刊
29 『日本を考える』日刊経済新聞社刊
30 『ＰＨＰ』昭55・6　ＰＨＰ研究所刊
31 『ＰＨＰ』昭56・12　ＰＨＰ研究所刊

《内容索引》

——人生をよりよく生きる——

運命を切り開くために

心あらたまる正月　4　信念は偉大なことを成し遂げる　4　祈る思い　7
人生を設計する　9　天は一物を与える　22　ほんとうの勇気　38
人間はダイヤモンドの原石　56　カメの歩みの如く　72　みずからをつかむ　111
フグの毒でも　116　人間は初めから人間である　124　千差万別の人間　159
進歩への貢献者　161　諸行無常の教え　165　人の世は雲の流れの如し　176
人間としての成功　189　運命に従う　203

はつらつと生きるために

青春とは心の若さ　11　道は無限にある　53　夢中の動き　61　気分の波をつかまえる　77
常識を破る　97　健康法はなくても……　104　欲望は生命力の発現　128　真剣に取り組む　154
人間としての務め　188　寿命を知る　201

自分を高めるために

人情の機微を知る　13　平穏無事な日の体験　25　七十点以上の人間に　34
塩の辛さはなめてみて……　43　学ぶ心　58　知識は道具、知恵は人　62
知識を活用する訓練　68　みずからを教育する　75　策を弄する　103　責任を生きがいに　108
利害を超える　117　日ごろの訓練　138　不健康また結構　146　良識を養う　167
大器晩成ということ　178　自分の最善を尽す　192

豊かさの中で

素直な心とは　6　自分を飾らず　18　同行二人　26　死も生成発展　30
感謝の心は幸福の安全弁　35　人間疎外は人間が生む　44　春を楽しむ心　48　しつける　66
母の愛　78　感心する　82　自然に学ぶ　91　一千万円の時間　94
知識はあっても……　100　素直な心の初段　106　信ずることと理解すること　109
自分をほめる心境　126　自由と秩序と繁栄と　133　やさしい心　144
豊かさに見合った厳しさ　150　永遠に消えないもの　153　感謝する心　156
物心にバランスある姿　163　こわさを知る　171　ふりこの如く　179　恩を知る　194

ともに生きるために

人間道に立つ　23　庄屋と狩人ときつね　40　縁あって　56　社会人としての義務　65
断絶はない　74　ゼロ以上の人間に　87　美と醜　99　自他相愛の精神　114
道徳は実利に結びつく　131　我執　135　個人主義と利己主義　147　精神的大家族　149
まず与えよう　173　立場を交換する　181　寛容の心で包含　185　利害を一にしよう　200

みずからを問う

衣食足りて礼節を知る　17　自己観照　29　まず自分から　47　失敗を素直に認める　85
公明正大　95　原因は自分にある　169　弁解より反省　186　限度を超えない　196
静思の時　206　総決算　207

困難に処するために

融通無礙の信念　16　人事を尽して天命を待つ　32　不安に挑む　40　身を捨てる度胸　51
困難から力が生まれる　70　悩んでも悩まない　80　何事も結構　92　自分自身への説得　121
小便が赤くなるまで　129　矢面に立つ精神　136　苦難もまたよし　142
大事に立てば立つほど　162　インテリの弱さ　171　成功するまで続ける　183　人生の妙味　198

―仕事の成果を高める―

仕事に学ぶ

当たってくだける　14　最善の上にも最善がある　31　三日の手伝い　42　プロの自覚　78
三回ダメを押す　118　もっと厳しく　125　仕事を味わう　151　体力と気力と経験　161
利害得失にとらわれない　180　労働は神聖なり　187　時を尊ぶ心　203　ケジメをつける　205

実力を伸ばすために

熱意は磁石　7　枠にとらわれず　10　誠意あればこそ　35　健康管理も仕事のうち　36
修養に場所を選ぶな　46　運命を生かすために　62　寝食を忘れて　64　会社は道場　69
自分が社長の心意気を持つ　82　世間に聞く　83　叱ってもらえる幸せ　86
苦労を希望に変える　94　批判はあとでよい　97　身も心も、そして財産も　103
心から訴える　107　〝仕事の上手〟に　115　力の限度にあった仕事を　120
強固な精神力を　125　投資をしているか　130　職責の自覚　137
サラリーマンは独立経営者　143　師は無数に存在する　146　人に尋ねる　153　心を磨く　159
成功のコツ　168　とどめを刺す　189　命をかける　198

組織の中で

会社の信用　15　一人の力が伸びずして……　28　自分で人事をする　39
会社に入ったからには……　57　自分の会社を信頼する　66　会社の歴史を知る　91
組織や地位にとらわれない　155　独断は失敗につながる　166　自分の働きの価値は　183

ともに働くために

武士道と信頼感　11　努力を評価しあう　32　協調性を持つ　49　見えざる契約　50
給料は社会奉仕の報酬　52　同僚の昇進に拍手　59　新入社員を迎えて　60
社員学の第一歩　75　言うべきを言う　99　報告する　102　欠点を知ってもらう　109
礼儀作法は潤滑油　111　ありがたいお得意さん　113　素直にありがたさを認める　127
心を通わす　133　商売と誠意　148　社長を使う　172　忍ぶべきを忍ぶ　192
上位者に訴える　195

仕事と社会

社会にやらせてもらう　8　喜ばれる仕事　24　不要なものはない　84
辛抱が感謝になる　139　紙一枚の差　165　職種と適性　177　信用は得難く失いやすい　202

――商売・経営を伸ばす――

指導者のものの考え方

決意を持ち続ける　12　まず好きになる　22　魂のこもった朝礼　38　使命感を持つ　61
日に新たな経営を　73　人間観を持つ　79　商売は真剣勝負　90　経営力の大切さ　106
経営のコツをつかむ　142　小異を捨て大同につく　167　自分を戒めるために　182
持ち味を生かす　197

指導者としての姿

先見性を養う　6　顔も商品　28　最高責任者の孤独　29　得心がいく仕事を　43
即断即行　49　人をひきつける魅力を持つ　64　心を遊ばせない　70　熱意あれば　76
社長は心配役　83　主座を保つ　90　上には上がある　98　是を是とし、非を非とする　107
世論を超える　112　経営にも素直な心が　118　カンを養う　134　徳性を養う　145
二代目は熱意で勝負　155　経営の若さとは　160　臨床家になれ　166　部下のために死ぬ　178
心をときはなつ　186　広い視野　193　日に十転す　201

指導者の責任

はじめに言葉あり　5
先憂後楽　18
公憤を持つ　31
大阪城築造の秘訣　33
会社の力を見きわめる　45
引き下がる決断　52
会社のよさを話す　58
目標を与える　67
公平な態度　81
寛厳よろしきを得る　96
諫言を聞く　104
公事のために人を使う　114
末座の人の声を聞く　117
身をもって範を示す　124
なすべきことをなす　136
一人の責任　149
信賞必罰　154
人の話に耳を傾ける　170
要求者たれ　188
大義名分　199
経営者次第　204

経営のコツ

雨が降れば傘をさす　8
一歩一歩の尊さ　26
ダム経営　39
権限の委譲　50
ガラス張り経営　63
賢人ばかりでは　69
対立しつつ調和する労使　72
衆知を集める経営　76
社長は徳、副社長は賢　84
小田原評定では……　95
中小企業の強み　101
自己資金での経営　110
会社の病気の早期発見　115
利益が先か地盤が先か　127
電話で仕事をする　130
会社の実力を知る　138
予算にとらわれない　147
立ち話の会議　151
休日の裏づけ　160
人を中心とした経営　162
経営は総合芸術　163
見る前に察する　179
権威を認める　184
適正な給与　194

うまくて、早くて、親切　204

人を生かすために

物をつくる前に人をつくる　15　短所四分、長所六分　16　部下の提案を喜ぶ　27
大西郷の遺訓　41　六十パーセントの可能性があれば　45　年功序列と抜擢　46
まず人の養成を　57　魂を入れた教育　59　信頼すれば……　65　派閥の活用　74
まかせてまかせず　86　部下が偉くみえるか　93　事業は人なり　100　社長はお茶くみ業　108
降格は公の心で　119　相談調が大事　128　人材を引きぬけば……　132
愚痴の言える部下を持つ　150　強く人を求める　158　使命感半分、給料半分　172
部下に使われる　182　くり返し訴える　185　抜擢人事には介添えを　195　小事を大切に　202

難局を切り開くために

不景気またよし　10　千の悩みも　19　時を待つ心　34　迷いと判断　48
戦乱の中での商売よりも　81　冷静な態度　102　世間は神の如きもの　116
力を合わせて　137　不景気に強い経営　145　競争相手に学ぶ　168　不可能を可能にする　187
投げやらない　205

ものをつくり、ものを売る
苦情から縁がむすばれる　13　魂を加えた価格　25　利は元にあり　41　心が通った商売　67
誠意が基本　85　サービスできる範囲で商売を　96　声をかけるサービス　120
笑顔の景品を　129　強い要望があってこそ　135　お得意さんを広げるには　143
商品はわが娘　156　商品を発意する　164　良品を世に送る努力　170　生産者の感激　176
商品の段位を高める　180　値引く以上のサービスを　190　呼びかける　197

商売・経営の道
水道の水のように……　12　過当競争は罪悪　17　企業は社会の公器　23
よしみを通じて　44　業界の信用を高める　79　商道徳とは　92　資本の暴力　112
街の品位を高める　132　中小企業は社会の基盤　152　企業は儲けるべし　181
正しい競争を　199

――国と社会を考える――
日本と日本人を知る
日本のよさを知る　9　国を愛する　27　日本の伝統精神　42　歴史の見方　101

いつくしむ　148　国土を大切にする　164　日本人としての自覚と誇り　177
世界に誇れる国民性　196

よりよき社会にするために

長年のツケを払うとき　14　正しい国家意識を　24　日本式民主主義を　30
道徳は「水」と同じ　33　日本の資源は人　47　国民の良識を高める　60
文明の利器は人類の共有財産　63　福祉はみずからつくるもの　68
法律は国民自身のために　73　使い捨てと経済性　77　富の本質　93　おとなの責任　110
人間の幸せのための政治　119　政府を助ける心がまえ　126　平和の価値を見直す　131
国民を叱る　134　自然を生かす　144　平和のための前提条件　152　法治国家は中進国　158
民主主義と勝手主義　184　事あるたびに　193　理想ある政治を　206

日本の将来を考える

不確実な時代はない　5　百年の計を立てる　51　国際化時代と日本人　80
孤立化を防ぐ　98　仕事は無限にある　113　地球人意識　169　精神大国をめざして　190
昭和維新の志士として　200

松下幸之助（まつした　こうのすけ）略歴

ＰＨＰ研究所創設者、松下電器グループ創業者。

明治27年、和歌山に生まれる。９歳で単身大阪に出、火鉢店、自転車店に奉公の後、大阪電灯㈱に勤務、大正７年、23歳で松下電器を創業。昭和21年には、「Peace and Happiness through Prosperity＝繁栄によって平和と幸福を」のスローガンを掲げてＰＨＰ研究所を創設。平成元年、94歳で没。

「万物を生かし、活用することによって真の繁栄を生み出すことのできる特性を、自然の理法によってその天命として与えられた人間は、万物の王者ともいうべき崇高にして偉大な存在である」とする「新しい人間観」を確立し、何ものにもとらわれない「素直な心」になって真理に順応していくことの大切さを説いた。その思索の基本には、常に、お互い人間の持つ無限の可能性に対する深い信頼と、お互い人類の長久にわたる日に新たな生成発展を心から念願する、人間に対するかぎりない愛情があった。

昭和39年９月、日本特集を組んだアメリカの雑誌『ライフ』は、その中で松下幸之助を、最高の産業人、最高所得者、雑誌発行者、ベストセラー作家であるとともに、思想家でもあるとして、５つの顔を持つ人物、と紹介している。


この作品は、一九八一年十二月にPHP研究所より刊行された『松下幸之助「一日一話」』を再編集したものです。

装　丁 — 赤谷直宣

［愛蔵版］松下幸之助一日一話
2007年8月8日　第1版第1刷発行
2022年4月6日　第1版第20刷発行

編　者　ＰＨＰ総合研究所
発行者　永田貴之
発行所　株式会社ＰＨＰ研究所
東京本部　〒135-8137　江東区豊洲5-6-52
第二制作部　☎03-3520-9619（編集）
普及部　☎03-3520-9630（販売）
京都本部　〒601-8411　京都市南区西九条北ノ内町11
松下幸之助.com　https://konosuke-matsushita.com/
ＰＨＰ INTERFACE　https://www.php.co.jp/
組　版　朝日メディアインターナショナル株式会社
印刷所
製本所　図書印刷株式会社

ISBN978-4-569-69308-8

PHPの本

道をひらく

松下幸之助 著

著者の長年の体験と、人生に対する深い洞察をもとに切々と訴える珠玉の短編随想集。自らの運命を切りひらき、日々心あらたに生きぬかんとする人々に贈る名著。

定価 本体八七〇円（税別）